サッカー観戦がもっと面白くなる

プレミアリーグ熱狂大全

著者 プレチャン
構成 内藤秀明

KADOKAWA

はじめに

はじめまして。もしくは、YouTubeをいつもご覧の皆さんこんにちは。プレミアリーグ情報チャンネル「プレチャン」を運営しているグーナー（アーセナルファンの呼称）のりょーです。

プレチャンはシティズン（マンチェスター・シティファンの呼称）であり中学サッカー部時代の同級生でもある伊藤や、マンチェスター・ユナイテッドファンのよっぷ、そして心強いスタッフの皆さんと運営しています。

２０１９年にYouTubeに初めて動画を投稿してから、定期的にプレミアリーグ（イングランドのプロサッカー１部リーグ）関連の動画をアップしており、今では週に3、4本の企画動画と、１節に5、6試合程度プレミアリーグの雑談ライブ配信をしています。

本書を執筆している２０２４年9月時点ではチャンネル登録者数が18万人を突破しました。視聴者の皆さんの応援のおかげで、プレミアリーグ専門のYouTubeチャンネルとしては、日本で一番登録者数の多いチャンネルになりました。いつも本当にありがとうございます。

本書では、そんな私りょーが中心となって筆を進めつつ、時折伊藤が「一言」口を挟みながらプレミアリーグのあれこれについて語っていく構成です。

1章で詳しく語りますが、僕は07‐08シーズン（2007‐2008シーズン／以降西暦は略して示します）頃からアーセナルのことが好きになり、伊藤は10‐11シーズン頃からマンチェスター・シティのファンになりました。

時には絶望に打ちひしがれたり、時には有頂天になって喜びを爆発させたり、実にたくさんの感動をプレミアリーグからもらっています。

そもそもプレミアリーグにはどのような魅力があるのでしょうか。

魅力の感じ方は人それぞれだと思いますが、僕からしてみればプレミアリーグの選手たちは、いい意味で親近感がなく、神格化したくなるような強さやカッコよさがあります。Ｊリーガーが地元の憧れの先輩だとしたら、プレミアリーガーはテレビに映るアイドルみたいな、一生かけても手の届かない存在なのかもしれません。

20代ともなると海外は比較的身近になってきますが、10代の頃だと別世界です。

だからこそ、試合後の選手インタビューが妙にカッコよく聞こえていましたし、英語の響きもあるかもしれませんが、洋画の世界のような非現実感がありました。シンプルに「カッコいい」と思えるような、勇猛で堂々たる世界。それこそがプレミアリーグだったのです。

そんな初心者にもわかりやすい魅力がある一方で、特定のチームを応援し始めるとさらなる沼が待っています。それはまるで片思いをしているかのように、気持ちを常に揺さぶられ、推しのチームや選手から目が離せなくなるのです。

プレミアリーグの楽しみ方は人それぞれですが、僕はプレミア観戦の最大の魅力はこの「感情が揺さぶられるところ」だと思っています。

本書の執筆時点で僕は27歳なのですが、世間一般的にはもう十分に社会人として大人の年齢です。にもかかわらず、毎週のように勝てば叫んで喜んで、負ければ涙を流して悲しんで……。

人生にこれほど喜怒哀楽を運んでくれるエンターテインメントはそうないのではないでしょうか。

このように、なんとなく好きなチームがあって、週末になったら試合を観戦して、一喜一憂するだけでもプレミアリーグは十分に面白いです。

ただ、10年以上追いかけていると自然と背景知識も増えていき、目の前で起こっているプレーや話題の一つひとつに様々な意味合いがあることも見えてきました。

そうなると、いっそうプレミアリーグが面白いものになってきたんです。

例えば、シティが11-12シーズンにプレミア初優勝を飾った場面。最終節94分にセルヒオ・アグエロによる劇的逆転ゴールで優勝が決まります。皆さんはあのゴールのアシストが誰だったか覚えていますか？　実は、問題児でお馴染みのマリオ・バロテッリです。あのわがまま小僧が、なぜかあのタイミングだけ素直にパスを出したのです。そして、彼のプレミアでのアシスト記録はあのときのみ。なんであのときだけ……。

このように、前提知識があることで物語が生まれ、その一瞬の攻防が何倍も何十倍も色濃いものになっていきます。

そこで本書では、プレミアリーグが「世界最高峰のリーグ」と言われるまでになった現在に至るまで、その黎明期となった10-11シーズンから最新の23-24シーズンまでを振り返ってまとめています。

それこそ膨大な資料をもとに、当時の感情もすべて思い返しながら一冊にしたためました。僕たちならではのプレミアリーグの楽しみ方が存分に詰まった、唯一無二のプレミアリーグ観戦本になっていると自負しています。

この本を通して、〝プレミアリーグ沼〟にハマる同志が一人でも多く増えることを願っています。

プレチャン　りょー

目次

※本書に掲載している情報は2024年9月時点のものです。
選手の移籍などにより内容が変更されている可能性があります。

デザイン	今田賢志
組版	クニメディア
校正	鷗来堂
制作協力	安洋一郎
編集	笠原裕貴

1章

プレミアリーグの楽しみ方

プレチャン流「推しチーム」の決め方

プレミアリーグを見ている人の多くには「推しチーム」があります。

必ず推しがないといけないというわけではありませんが、推しを作って応援したほうが格段に面白くなっていきます。冒頭でお話ししたとおり、観戦して一喜一憂できるところがプレミアリーグの醍醐味でもあるからです。

でも「推しが決められない」「熱狂できるようなチームに出合えない」という人が一定数いることも知っています。

そこで僕たちの経験はもちろん、これまでお会いしたプレミアファンの人たちがどのようにして推しを見つけてきたのか、その「ヒント」をご紹介します。

僕らのきっかけ

まず、僕は小学生時代にユニフォームをもらったことがきっかけで、アーセナルを応援するようになりました。2007年頃からアーセナルを意識し始めて、11-12シーズンにはしっかりと試合を観戦するようになっていきます。

最初は「アーセナルを応援しよう」と自発的に決めて応援を始めましたが、気になって追ってみるといろいろとショッキングな出来事が起こるわけです。

例えばフルシーズンしっかり見始めた11-12だと、主力だったサミル・ナスリが退団し、チームはケガ人だらけ。そして、3節のマンチェスター・ユナイテッド戦で2-8と大敗します。

本来強いはずのチームがボロボロだったことでより気になって応援していると、そのシーズンのノースロンドン・ダービーで、0-2で負けているところから最終的に5-2で逆転勝利するといったドラマチックな展開を見せつけられたり……。

沈んでいるところからそれを乗り越えて勝利する姿はあまりにも眩しく、気づいたら深いアーセナル沼に、片足どころか頭のてっぺんまでどっぷり浸かっていましたね。

伊藤の一言

僕はありきたりですけど、サッカーゲームのウイニングイレブンがきっかけでダビド・シルバに興味を持ち、そんな意中の選手がマンチェスター・シティに移籍したことをきっかけに、10-11シーズン頃から試合を見て応援するようになりました。試合を見た次の日に同級生と話したりしていくうちに、どんどんチームのことが好きになっていって。しかも、11-12シーズンには最終節の奇跡的な得点もあって逆転優勝を果たすわけです。「こんな奇跡ってあるんだ」って素直に興奮して、シティにのめり込んでいくようになりましたね。

ゲームが一番多いかも

さて、伊藤の話にもあったように、ゲームをきっかけにしてプレミアリーグにハマっていく人は実に多いです。「ＦＣシリーズ（旧ＦＩＦＡシリーズ）」や「eFootball（旧ウイニングイレブン）」で使いやすい選手や大きく成長する選手を見つけて、そのクラブに興味を持つパターンですね。

僕の場合だと、ニクラス・ベントナーという大型ストライカーがマスターリーグ（ウイニングイレブンのクラブチームでリーグ戦を戦うモード）で、現実ではありえない成長速度を見せるわけですよ。リアルでは起こりそうにもない、ギリギリのロマンある結果をゲームで叶えられるのが、当時は本当に面白かったですね。

このようにゲーム内で見つけたお気に入りの選手がきっかけで、好きなチームが決まったりプレミアリーグ自体に興味を持ったりすることは、プレミアファンの間ではよくあることです。きっかけなんてこんなものでいいと思います。

伊藤の一言

僕がゲームでよく使ったのは、10代でクラブＷ杯で活躍し一躍有名になった元ブラジル代表ＦＷアレシャンドレ・パトと、シティファンにはお馴染み元アルゼンチン代表ＦＷセルヒオ・アグエロでしたね。二人とも当時はまだ若手なんですけど、スピードもあるしよく成長したんですよ。他には、奇抜な髪型が特徴的だった元スロバキア代表ＭＦマレク・ハムシク、皇帝の異名を持つ元フランス代表ＭＦヨアン・グルキュフあたりも中盤のポジションでよく使っていました。懐かしいな〜。

ファンタジスタの存在

最近だとたまたま流れてきたYouTubeの公式スーパープレー集を見ているうちに、選手だけでなくチームも好きになるパターンも多いと聞きます。

特にサッカー部員の場合、キレキレのドリブルや強烈なシュートで観客を沸かせるシーンに、「自分もいつかこうなりたい」と憧れる人も多いでしょう。

僕の場合はちょっと偏屈だったので、ハイライトが流れてきても「アーセナルの映像しか見ないぞ」と謎にイキっているタイプでした（笑）。

当時、サッカーショップに売っていたスーパープレー集のDVDを買って、アーセナルのレジェンドのスーパープレーを見ていましたね。伊藤の場合は、ロナウジーニョやジネディーヌ・ジダンとか、シンプルに有名な選手の映像をいろいろ見漁っていたようです。

あとは世代によってバラバラですが、フジテレビのスポーツ帯番組「すぽると！」のマンデーフットボールのコーナーや、「やべっちＦ．Ｃ．」「Ｆｏｏｔ！」などテレビ系のハイライトで魅力に取りつかれるパターンも多いようですね。

選手の数だけ推しが見つかるチャンス

もちろんプレーのカッコよさとセットではあるのですが、メイソン・マウントのビジュアル推しでチェルシーファンになった人は多いと聞きます。逆に、彼がユナイテッドに移籍して落ち込んだファンも多かったはず。

またチェルシーで言うと、一昔前はエデン・アザールもそうでしたね。彼のドリブルは疾走感があって、カッコよさがいっそう際立っていました。

あと日本人選手だと三笘薫《みとまかおる》きっかけのブライトンファンも増えましたよね。三笘が出場する試合を見るようになって、いいサッカーをしているブライトンそのものを好きになるというパターンです。

そのほかに、かつてのアーセナルだとメスト・エジルのことが好きなファンが多かったです。

こうして振り返ると、2列目の技巧派が好かれる傾向が強いかもしれません。もちろんフィルジル・ファン・ダイクのような凛とした力強さに惚れ込む人もいるでしょうから、選手の数だけ推しチームが見つかるきっかけがあると言えますね。

伊藤の一言

シティだとダビド・シルバが人気でしたね。綺麗な顔立ちをした選手でしたが、母方の祖母が日本人ということもあって親しみやすさもありました。プレミアリーグ屈指のテクニシャンで、ビジュアルだけでなくあの軽やかなプレーは忘れられませんね。

鳥肌が立つ試合こそ

古株のリヴァプールファンだと、「イスタンブールの奇跡」がきっかけで好きになった人が多いように、やっぱり劇的な試合展開は魅了されるものがありますね。

イスタンブールの奇跡とは、2005年のCL（UEFAチャンピオンズリーグ）決勝で、当時最強と言われていたACミランを相手に、前半0-3と劣勢で折り返したリヴァプールが、最終的に3-3に追いつき、そしてPK戦の末、逆転優勝を果たしたという奇跡の一戦のことです。

ただここまで伝説的な試合でなくとも、例えば最近だと、22-23の26節アーセナル対ボーンマス戦を見てアーセナルファンになったという人も多いです。

冨安健洋《とみやすたけひろ》がスタメンで出たこの試合、両軍激しく打ち合った末、97分にリース・ネルソンのゴールでアーセナルが3-2で逆転勝利を収めます。これもグーナー的には最高の一戦でしたね。

もしもまだ試合をフルで見たことがないのであれば、一度でいいからプレミアの試合をフルで見てほしいです。きっとそこにドラマが待っているはずですよ。

辛いときほど支えてあげたい心理

日本人は劣勢の人に同情する気質の人が多いので、本来は強いはずの古豪クラブやビッグクラブが苦戦しているところを見ると応援したくなる心理が働く場合があります。

もちろん、あまりに戦力が足りていないと応援する気力は湧きませんが、スカッド（チームに登録されている全選手）も優秀でチームの決まり事もあるのになぜか勝てない、うまくいかない。そういったチームにはもどかしさを覚えつつも、一方で魅力的に映るものです。

その点、アーセナルはこの数年で本格的に強くなってきましたが、以前は調子に波があり、逆にその様子が多くの日本人ファンに刺さったのかもしれません。「俺が応援して盛り返させてやるぞ！」といった風にです。

やっぱり生の熱量に勝るものはない

プレミアの試合を現地で見て、心を鷲摑《わしづか》みにされる人もいます。

よく聞くのは学生時代にイギリス留学した先で、その地域のクラブを生で観戦してハマるケースです。生の空気感は何物にも代えがたいですからね。

ただ、現地に行くのはなかなかハードルが高いので、より実現性が高くオススメなのがプレミアクラブの来日試合です。

24-25シーズン開幕に向けたプレシーズンマッチで、トッテナム・ホットスパーが来日した国立の試合を僕らも観戦しに行きました。

韓国代表FWソン・フンミンのゴールを間近で見られただけでも価値がありました。まあ肝心のそのゴールを伊藤は見逃しているんですけどね。

このように、やはり生の空気感に勝るものはないので、来日試合がある際は思い切って観戦してほしいですね。選手たちの移動距離を考えれば、我々の移動距離は短いですから。

伊藤の一言

2019年夏の横浜F・マリノス対マンチェスター・シティの一戦は、アンジェ・ポステコグルー対ジョゼップ・グアルディオラということもあり攻撃的で魅力的な試合でした。マリノスファンでシティが好きになった人が増えたらしいですね。同じシティ・フットボール・グループという仲間意識もあるでしょうが。

プレチャン流「試合日前」の5つの楽しみ方

1　監督さながらにチームプランを検討する

週末前、皆さんはどのようにプレミアリーグを楽しんでいますか？

人それぞれいろいろな楽しみ方があるのでしょうが、僕の場合は心配性な上に妄想することが好きなので、脳内でずっとあれこれと試合のことを考えています。

例えば２０２４年の年始で言うと、ＦＡカップ３回戦でアーセナルがリヴァプールに敗れてしまいました。悔しい敗戦です。あまりにも悔しくて、試合後の午前３時31分に「ひどい、ひどい、余りにも」とＸ（旧Twitter）にポストをしてしまったほどでした。

ただ落ち込み続けていても仕方がないので、次の試合に向けて気持ちを切り替えて、今後どうすればチームが立て直せるのかを妄想し始めるんです。

「点を決めきれなかったアタッカー陣の問題も大きい」

「けれどアルテタの采配ミスもあったんじゃないか」

「ケガ人の状況的にバックアップのキヴィオルを左サイドバックに入れざるを得ない部分があった。ただその分落ちる攻撃力を中盤の編成でなんとかできないか」

「次の試合まで2週間ほど期間が空くし、ケガ人が結構帰ってくるはず」

「そもそも、パーティーはいつになったら帰ってくるねん！」

「次節クリスタル・パレスだから、どういう編成が望ましいか」


僕はこういう振り返りと今後の展望を一人で妄想しながら、「どうすればアーセナルが次節勝てるのか」を監督の目線に立って考え、様々なチームの情報を集めます。人によってはこの「監督気分」を、友人と共有するのが楽しい人もいるでしょう。でも僕の場合は、一人で延々と妄想するこの時間が大好きなんです。

伊藤の一言

僕は逆に試合前はあまり考えないタイプかもしれません。何より監督が優秀ですし、信頼しているので。勝手にアップデートを続けてくれるというか、心配したところで杞憂に終わることのほうが多いですね。結果的に毎回何かしらタイトルを獲得してくれるのでありがたい話ですよ。

2　部活ノリでスタッツクイズをふっかける

僕はファンとしてアーセナルの情報を集めたり、YouTubeの企画を考えたりすること以外にも、暇な時間にスタッツサイトをダラダラと見るのが好きです。

最近のスタッツサイトはすごいですよね。情報量が充実していますし、『Sofascore』あたりはスマホアプリのUI（機能性・使い勝手）がいいので、少し気になったことを見ているうちにいろんなページに飛んでしまって、時間が溶けてしまうくらいです。

こうやって情報を集めているうちに面白いスタッツを見つけたりするので、伊藤に対して、

「今のプレミアリーグの得点ランキングトップ5は？」

「ブンデスリーガの順位トップ5は？」

なんて問題を出したりします。

ずっとこんな感じで、高校生のときの部室で話すようなノリで伊藤とプレミアリーグを楽しんでいます。

○おすすめのスタッツサイトとその特徴

サイト名	デザイン性	操作性	情報量	総合力	特徴
Transfermarkt https://www.transfermarkt.com/	○	△	◎	◎	移籍関係のあらゆる情報が内包されているスタッツサイト。過去の移籍動向が見られるだけでなく、独自算出の選手の市場価値データがある上に、それを時系列で把握可能なため、各時代におけるその選手の存在感を把握しやすい。また過去のリーグ戦の順位推移もグラフで見られるため、チームの好不調をチェックできる。選手とチーム、両方の情報が詰まった充実したスタッツサイトだが、サイトが重く、使い勝手に難がある。
Sofascore https://www.sofascore.com/	○	◎	○	○	スタッツベースの採点があり、選手の好不調がわかりやすい。試合ごとのパス成功率、キーパス数、デュエル勝利数、インターセプト数など攻守のスタッツも充実しており、このサイトを見ていれば選手の好不調はだいたい把握できる。ただし、オフザボールの動きなどボールに関与しないスタッツはない。サイトが軽いため、日々チェックしやすいところが高評価。
FotMob https://www.fotmob.com/	◎	○	◎	○	基本的にはSofascoreと立ち位置は近いものの、よりデザイン性に優れたスタッツサイト。選手のシュート位置とシュートコースがグラフィックで表示されるほか、選手の各スタッツのランキングが色付き棒グラフで表示されるなど、視認性が高い。またディフェンスアクション、リカバリーなど、Sofascoreにはない項目も充実。スタッツごとのランキングや、選手のスタッツまとめなど、総括系のページが充実しているのも高評価。
FBref https://fbref.com/	○	△	◎	△	前方へのパス回数、前方への持ち運びの回数、高い位置でボールを受けた回数など、攻撃面でのスタッツが充実しており、選手の詳しい特徴を把握しやすいスタッツサイト。しかも、そのスタッツが良い数値か否かをパーセンタイル値で感覚的に摑めるのも強み。ただし、チームスタイルとスタッツが連動しやすく、例えばカウンター思考のクラブの選手はパスの能力が高くてもスタッツが悪くなりがち。情報を正確に把握するにはコツが必要だが、選手個人の膨大なスタッツが掲載されており、深掘りがいのあるサイトになっている。

3　スタメンを見て一喜一憂する

「試合直前」の楽しみ方といえば、もちろんスタメンの確認ですよね。

試合開始約1時間前になると、各チームの公式ＳＮＳやニュースサイトのＳＮＳから先発メンバーが発表されるので、即座にチェックします。スタメンは各クラブ、そして監督ごとに特色があるので面白いですよね。

例えばアーセナルのミケル・アルテタ監督の場合、スタメンを固定する傾向があるので、普段のスタメンから変更があったときにはそこから試合への意図を読み取ることができます。

逆にマンチェスター・シティのジョゼップ・グアルディオラ監督の場合は、毎回かなり変化をつけてくるので事前の予想だけでも白飯が進みますね。対戦相手や日程、チーム状況などから、どんなスタメンでくるかを予想してクイズにするだけでも面白いです。

あとは監督関係なく、選手層が厚いクラブはスタメンが予想しにくく、誰が出てくるかわからないところに魅力があります。

例えば23‐24シーズンのチェルシーの場合だと、大量に若手選手を獲得した影響で所属選手が飽和状態になり、中盤より前のポジションに関しては試合ごとに変わって予想しにくかったです。

当時はマウリシオ・ポチェッティーノ体制1年目ということもあって、そもそもスタメンが定まっていませんでした。しかも若手選手たちはまだまだムラッ気が多く、試合が始まってみないとどのようなパフォーマンスをするかわかりません。

チェルシーはもともとベテラン比率の高いスカッドで、ロンドン西部の強豪クラブとして成績を残してきました。

ところが、オーナーがトッド・ボーリーに代わってからは急激な若手化が進み、スタメンの平均年齢は、23‐24シーズンのプレミアリーグでは最も若い24歳と232日でした。

スタメンの話に戻すと、近年はノッティンガム・フォレストのスタメンも面白いですね。BIG6（マンチェスター・ユナイテッド、リヴァプール、アーセナル、トッテナム、チェルシー、マンチェスター・シティ）に所属していたものの出場機会がなくくすぶっていた有名選手たちを、安価な移籍金で複数名獲得。そのため毎試合バラエティ豊かな陣容になっています。

元マンチェスター・ユナイテッドのアンソニー・エランガ、元チェルシーのカラム・ハドソン＝オドイ、元リヴァプールのティボック・オリギ（２０２４年夏に退団）など、前線だけ見てもこれだけ揃っています。

他にもプレミアオタクにはたまらない面々が揃っているので、フォレストの試合も注目してほしいですね。

このように各クラブには、監督やチームの特性によってスタメンの傾向がいくつかあるので、スタメンを予想したり、発表されたスタメンから試合展開を妄想したりする面白さがプレミアリーグにはあります。

なんと言ってもワールドクラスの選手が跋扈《ばっこ》するリーグなので、その面白さはひとしおですね。

あと、これは言いにくい話になりますが、グーナーとしてはアーセナルの対戦相手のスタメンにエースがいないと、「よしっ」ってなりますね。

4　審判団を確認する

人によっては、審判団に注目する人もいるのではないでしょうか。

もちろん彼らは公平にジャッジしてくれていると信じていますが、ただ現実的には様々な問題がプレミアリーグでは起こっています。

イングランドのレフェリーは主審の判定を尊重する傾向が強いこともあり、時には主審本人がＶＡＲ（ビデオ・アシスタント・レフェリー）の介入を断ることもあるようです。

「何のためのＶＡＲだよ」と、思わずツッコミを入れたくなるところですが、だからこそ特に重要な試合の場合は、これまでにどの試合でジャッジをしてきた主審なのかを知っておいてもいいかもしれません。

ちなみに個人的な意見で言うと、今のプレミアリーグには公正な審判がほとんどいないので、誰がジャッジしても一緒な気がしています。イングランドサッカーで最も急務なのは、審判の育成かもしれませんね。

5　解説陣を確認する

僕らは試合中、YouTubeで雑談配信しているので、ここ数年は、実況や解説のお話を聞きながら試合を見る機会は少なくなりました。YouTubeのマイクが音を拾ってしまうため、音声をオフにする必要があるからです。

僕が好きな、いや、もはや「プレチャンの原点」とも言える解説者は松木安太郎《まつきやすたろう》さんです。

戦術を詳しく話してくれる解説者も好きですが、プレチャンの配信スタイルに影響を及ぼしているのは、気持ちを前面に押し出して解説する松木さんですね。

あと忘れてならないのは、月間100試合以上を観戦しながら解説もしている林《はやし》陵平《りょうへい》さんです。年間ではなくて、月間100試合ですよ。あらゆる試合の解説をしていて、本当にいつ寝ているのか心配になるくらいです。

しかも解説前の準備に余念がなく、2024年に行われたイラク代表とのAFCアジアカップ第2戦の試合前にはイラク戦を分析した手書きノートを公開して話題になりました。言語化がすごくて、尊敬しています。

プレチャン流「試合中」の4つの楽しみ方

1　序盤は丁寧にコンディションを見る

試合が始まると、僕はスタメン選手のボールタッチをまず見ちゃいますね。「お、今日のサカは調子良さそうだ」とボールタッチの精度から個々のコンディションを想像したりなんかして。

トラップ、キック、シュートなど一連のプレーを見て、その選手の「今日のコンディション」を見極めます。

こればかりは試合を何度も見る中で、少しずつ選手ごとの「良いとき」と「悪いとき」が見えてくるようになるものなので、「今日はこの選手に注目しよう」と決めて見るのもいいですね。

試合序盤はこのように理屈中心で見ていますが、そうはいっても試合が進んでいくともう食い入るように見入ってしまいます。それどころじゃなくなりますからね。

2　時には選手に憑依《ひょうい》して一喜一憂する

推しチームを応援していると、選手目線で試合に没入することがよくあります。久しぶりに出てきたサブの選手なんか、「頑張れよ」ともはや選手目線を飛び越えて保護者目線で見ちゃいますね。

この選手目線に関しては、推しチームの選手以外にも及びます。

例えばベルギー代表FWロメル・ルカクがシュートを外しまくっている試合とかだったら、「さすがにそろそろ決めさせてあげて……」という気持ちになることもあります。プレチャンではラヒーム・スターリングや、ティモ・ヴェルナーなど、決定機を外しがちのアタッカーに対しては、ついつい応援モードになってしまいますね。もちろん僕の場合は、対戦相手がアーセナル以外のときに限りますけど。

3　現地の「音」を楽しもう

僕たちは生配信をしているので、権利の関係で音声を切って試合を見ていますが、YouTubeを始める前は現地音声にしっかり耳をすまして楽しんでいました。

久しぶりのＣＬとかだと、アンセム（賛歌）を聞くとやっぱりテンションが上がりますよね。「戻ってきたぞ！」という気持ちになって奮い立ちます。

またリヴァプールだと「You'll Never Walk Alone」があるように、試合前にスピーカーから流されたり、ファンが歌ったりするチャント（応援歌）を聞くのもいいですよね。スタジアムにこだまして一体感に包まれるあの瞬間は、なんとも感慨深いものがあります。

推しチームの有名なチャントや中心選手のチャントを覚えたら、現地のファンが歌うのに合わせて、一緒に口ずさむのもいいですね。

サポーターによる選手チャントの頻度を聞き分けることで、現地で人気の選手が誰なのかを探るのも面白いかもしれません。

4　「ながら見」くらいでもいい

と、ここまでいろいろと書きましたが、正直に言うと、「各々好きに楽しんでください！」と思っています。結局それかい、と思うかもしれませんが、そうなんです。

「オフザボールの動きが……」

「フォーメーションの噛み合わせが……」
「今日の選手のコンディションは……」
とか、理屈や戦術なんかを理解することももちろん大事ですが、つまるところ、
「それよりもまず、ボールを見ろ、ボールを！」
というのが本音です。

僕らはハイテンションな試合だと釣られて叫びますし、塩試合ならどうでもいい雑談に興じる時間も長いです。

配信中はチャットの数でみんなが試合に集中しているのか、少し飽きてきているのか一目瞭然ですからね。深夜のテンションで、試合そっちのけにどうでもいい雑談に盛り上がる時間も楽しかったりします。

ただ試合が白熱するとコメントも突然ピタッと止まって、みんな試合に集中します。そしてまた様々な感情をつらつらとリアクションしていく。緩急が面白いですね。

いずれにしてもリビングでテレビを「ながら見」するくらいの感覚で、サッカーを見てもいいんじゃないかなと僕は思っています。

そもそもサッカーって労働者階級のエンターテインメントなので、そんな肩ひじ張って見るものではないはずですしね。

プレチャン流「試合後」の楽しみ方

SNSでみんなのリアクションを楽しむ

僕はアーセナルが勝っても負けても、ずっと試合について何度も何度も反芻して考えるタイプです。

そして自問自答するだけでなくて、試合を見たファンの意見もチェックします。

例えば勝ったときには、アーセナルの活躍した選手の名前をＳＮＳで検索します。デクラン・ライスが守備で活躍したときには、「マジでうっとうしい」といった対戦相手のサポーターの投稿を見て、喜びに浸ることもあります。

サポーターが、応援するチームの選手を褒めるのは当たり前じゃないですか。だからこそ、他サポからのそういったネガティブな反応は、最高の褒め言葉になるんです。なんだか、自チームの選手が他サポに認めてもらったような気持ちになりますね。

選手への感想やレビュー調べに夢中になって、気づいたら朝になっていたなんてこともしばしばです（笑）。

あと、試合後の映像はそれこそ永遠に見ることができます。選手がスタジアムのファンの下に駆け寄って感謝したり、選手同士で喜びを分かち合ったりするシーンは眼福ものです。

勝った試合のハイライト映像は、フルタイムで観戦していても見返すことがよくあるほど。

伊藤なんて、23-24シーズンのＦＡカップ３回戦アーセナル対リヴァプールの試合配信後、アーセナルが破れて僕が意気消沈していたのに、ずっとマンチェスター・シティの勝ち試合のハイライトを見てにやけていて。その姿に腹が立って、僕はすぐに事務所を出て帰宅しましたからね（笑）。

逆に推しが負けた後は、いろんな人に試合の感想を聞きたくなります。

特にチームが慢性的な不調のときは、負けている原因が気になるタイプなので配信を切らずに動画を撮ることもあります。

ＳＮＳでいろんな人の意見を見漁って、どっぷり負け試合にハマるタイプですね。負けた試合の後は、勝った試合の後よりも全然寝られないこともあるんですよ。

伊藤の一言

僕は勝っても負けてもサッカーゲームで、その日の対戦相手のチームをボコボコにしますね。試合を見たらサッカーゲームをやりたくなるんで。

プレチャン流「移籍市場」の楽しみ方

移籍情報こそ最高のエンターテインメント

移籍関連の情報を集めるのは面白くて大好きです。試合が一番盛り上がることに違いはないのですが、それ以上にピッチ外の移籍情報を見るのが好き、という人はとても多いですよね。

移籍情報の中には信憑性が高い情報もあれば、話題を集めることだけに特化した飛ばし記事もあります。

でも僕はこの「飛ばし」こそ、最高に楽しめるコンテンツだと思うんですよ。要するに、適当なことを書いているからこそ、変な制限なくいろんな妄想が膨らんで楽しめるというわけです。

例えば、自分の応援するクラブが獲得するのではないかと噂になった選手のプレー集を見たり、過去の経歴を調べたりするのも楽しいですよね。

実際に移籍するかしないかはあまり関係なく、とにかく加入したときのことを考えて妄想を重ねてワクワクする。特に日本人選手の噂が出たときなんか大興奮しますよね。

あとはストーリー性のある移籍もすごく好きです。

例えば、元イングランド代表FWアンドロス・タウンゼントがルートン・タウンに移籍したのは良かったですね。

23-24シーズンにプレミアリーグ初昇格を果たすも下位に沈んでいたルートンと、前十字靱帯断裂のケガによりしばらく所属先がなかったタウンゼント。

当時わずか3ヶ月だけの短期契約でしたが、キャリアのあるタウンゼントの雄姿を初々しさのあるルートンのユニフォーム姿で見ることができたのは、胸にグッとくるものがありましたね。なお、タウンゼントは23節に古巣ニューカッスルから決勝点をあげ、2024年1月にはルートンとの契約延長が発表されています。

また、移籍市場を語る上で欠かせないのは「選手の退団」ですよね。

かくいう伊藤はスターリングの退団（2022年にマンチェスター・シティからチェルシーへ移籍）で泣いていましたからね。

万人に好かれるタイプの選手ではなかったですけど、彼に特別な思い入れがあったのはプレチャンらしいなと思いました。なぜなら、スターリングは見ていて一喜一憂できるというか、僕たちの感情を揺さぶる選手だったんですよね。そんな愛らしい選手の退団はやっぱり心にくるものがありますね。

あと、僕の場合で言えば、スイス代表ＭＦグラニト・ジャカのアーセナル退団です。人間味あふれる選手で、完璧なときは完璧だしダメなときはとことんダメだし。なぜか謎に荒いところがチームらしさにも重なって、とても愛着の持てる選手でした。アーセナル最後の試合で加入後初の２ゴールを決めたり、退団後もアーセナルの試合を観戦しに帰ってきてくれたり。チーム愛あふれる選手で、ほんとに大好きでした。そんな選手の退団はやっぱり寂しいですね。

伊藤の一言

スターリングの退団の際には泣きました。ダビド・シルバ、アグエロに続いて、退団で号泣するのは彼が3人目でした。クラブのレジェンドはもちろんですが、やっぱり人間味あふれる選手には愛着が湧きますね。

プレチャンの
アディショナルタイム 1

「伸びたきっかけは一人のアイドル」

僕たちの動画が多くの人の目に留まるまで、何度か大きく拡散されることがありました。最初は2020年の夏で、日向坂《ひなたざか》46の影山《かげやま》優《ゆう》佳《か》さんに注目したときです。

バズる確信があって動画を出したのかというと、実際のところは偶然でした（笑）。こんなに伸びるなら、もう少し髪型とかセットしておけば良かったです。特に伊藤はボサボサでしたからね。

当時の影ちゃん（お会いしたことはないですが、普段通りの呼び名にします）は「サッカーに詳しすぎるアイドル」として有名になる前だったと記憶しています。

テレビ東京のサッカー番組『FOOT × BRAIN』で、好きな選手としてコナー・コーディーの名前を挙げるなど、視聴者だけでなく、共演者をも驚かせる知識量とサッカーへの愛情を披露していたので、その内容を動画で紹介したところ、大きな反響をもらうこととなりました。

今振り返ると、あの動画がきっかけでチャンネル登録者数が増えていったので影ちゃんには感謝の気持ちしかないです。元々僕は坂道ファンなので、なおさらですね。

2章

プレミアリーグ覚醒前夜

（2010-2016）

10/11シーズン雑談配信 ※映像なし

5万回視聴　14年前　999　共有

上位のチャットのリプレイ

りょー　さあ、始まりました！　シーズン開幕前に、主にリーグ1〜6位の予想（当時の開幕前オッズ）を見ながら、あれこれと雑談していくのがこの企画の趣旨です！

伊藤　なるほど、当時のオッズ（複数のサイトを参考）を見ながらその年の順位を考察していくってわけか

りょー　そう、開幕前は意外と期待値低いのに優勝した、とかその逆もあるから面白いはず

伊藤　前年度の成績、大型補強、監督人事がもろ影響出そう

りょー　ぜひ皆さんも当時の記憶を思い返しながら、そのシーズンの最終的な順位を最初に予想してみてください！

「神通力で優勝するものの、凋落の前触れ」

1位　マンチェスター・ユナイテッド

監督：アレックス・ファーガソン

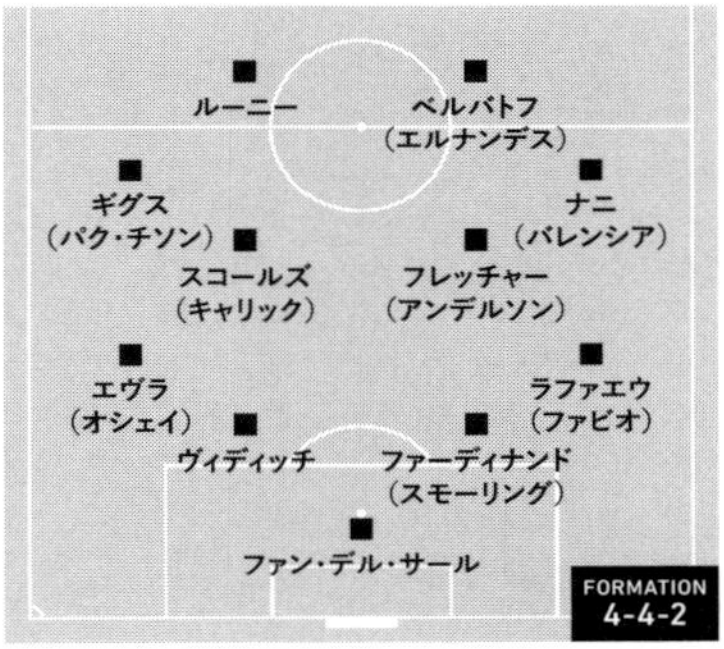

この頃のマンチェスター・ユナイテッドは強かったですね。オランダ代表GKエドウィン・ファン・デル・サール（39）、そしてセルビア代表DFネマニャ・ヴィディッチ（29）とイングランド代表DFリオ・ファーディナンド（31）の鉄壁CBがいて、守備が固かった。中盤より前には圧倒的なキック精度が売りのベテランMFポール・スコールズ（35）や、点取り屋と司令塔を兼任していたウェイン・ルーニー（24）といったイングランド人選手らがゲームメイク。さらに、ポルトガル代表の若手ドリブラーのルイス・ナニ（23）や、芸術肌のポストプレイヤーだったディミタール・ベルバトフ（29）ら外国人選手が攻撃に多彩な変化を加えていました。

ただこの年はプレミアリーグ20クラブ中、下から5番目にしか予算を使っておらず、ベベ（20）という「伝説の失敗補強」もありました。ハビエル・エルナンデス（チチャリート）（22）やクリス・スモーリング（20）はその後長く活躍しましたが、ユナイテッドのスタメン級の選手かと言われると首を縦には振れないでしょう。

元リヴァプールのレジェンド、マイケル・オーウェン（30）は前年のマンチェスター・ダービーで終了間際に得点を決めて逆転勝利に貢献しましたが、この年はリーグ戦で228分しか出場しておらず、完全に無風状態。また、ユナイテッドの下部組織出身で「未来を担う逸材」とされていたダニー・ウェルベック（19）もケガしがち。メンバーの「小粒化」はこの頃から兆しが見えつつありました。実際、このシーズンもCL決勝に進むものの、08-09シーズンに引き続きペップ・バルサに1-3で完敗を喫します。ユナイテッド最強時代の終わりを感じさせるシーズンでした。

とはいえ国内ではアレックス・ファーガソン（68）の神通力もあってリーグ優勝。王者健在で「世代交代はさせねえ」という気概も見せます。なおこのシーズンに、ホームのマンチェスター・ダービー（2-1）でルーニーがのちに伝説となるバイシクルシュートを決めていることは印象深いですね。

「トーレス到来も得点力不足は解決できず」

2位　チェルシー　監督：カルロ・アンチェロッティ

前年見事プレミアリーグ優勝を成し遂げたカルロ・アンチェロッティ監督（51）率いる2年目のチェルシーは、序盤戦は絶好調でした。夏の補強はブルーズ（チェルシーの愛称）にしては控えめで、主力級の補強はラミレス（23）とヨッシ・ベナユン（30）の合計2900万ユーロのみ。ただし、ディディエ・ドログバ（32）、ニコラ・アネルカ（31）、フランク・ランパード（32）、ジョン・テリー（29）ら、2000年代のチェルシーを支えた主力がまだまだ顕在。開幕5連勝を記録して14節まで首位を維持しました。

しかし11月頃から徐々に失速。冬に金満ぶりを発揮し、起爆剤も兼ねてダビド・ルイス（23）をベンフィカから2500万ユーロで、リヴァプールからエースストライカーのフェルナンド・トーレス（26）を5800万ユーロで獲得しました。

前者はその後長く活躍したので悪くない補強でしたが、問題は後者です。リヴァプールでは公式戦142試合81ゴールを記録した男が、チェルシーに加入してからの半年間は14試合に出場してわずか1ゴールしか決められなかったのです。後にチェルシーでは「背番号9の呪い」などと揶揄《やゆ》されることになります。それでもその他の選手たちが奮起して最後まで首位争いに食らいつくものの、36節アウェイのユナイテッド戦に1-2で敗れるとゲームセット。しかもこの試合でフェルナンド・トーレスが決めて当然の決定機を外すなど、悪い意味で記憶に残る試合となってしまいます。結果、前年は勝ち点差1で勝利した優勝争いを、このシーズンは敗北する結果となりました。シーズン無冠ということもあり、アンチェロッティ監督はこの後に解任となっています。

「土台となる補強が始まったシーズン」

3位　マンチェスター・シティ　監督：ロベルト・マンチーニ

現在のマンチェスター・シティといえば、洗練されたパスワークで崩すイメージですが、この頃はまだそこまでのクオリティはありませんでした。2年目のロベルト・マンチーニ監督（45）の下で攻撃的なサッカーを実践するも、低い位置からのビルドアップが重要視されていない時代。だからこそGKもビルドアップ型ではなく、シュートストッパーで定評のあるイングランド代表ジョー・ハート（23）でした。

ただし革命は確実に起こり始めています。夏にはヤヤ・トゥーレ（27）を3000万ユーロ、ダビド・シルバ（24）を2875万ユーロ、ジェームズ・ミルナー（24）を2200万ユーロで獲得し、その後数年間チームの核となる中盤の選手を大量補強。当時、シティは総額1億8300万ユーロを使ったとされていますが、この年のプレミアリーグのチーム別平均補強金額が3500万ユーロだったことを考えると、実に膨大な金額を費やしたことになります。爆買いも爆買いです。

一方で放出も着々と進めており、ロビーニョ（26）、スティーブン・アイルランド（23）、エマヌエル・アデバヨール（26）などの一時代を支えた選手を完全移籍やローン移籍で放出。前年リーグ戦5位だったところから、このシーズンは3位にまで順位を上げています。ちなみに、この頃はまだアカデミーの選手がトップチームに定着する流れはほとんどなかったですね。いずれにしても土台となる補強が始まったシーズンです。

4位　アーセナル　監督：アーセン・ベンゲル

「ファン・ペルシー覚醒前」

この年は、ソル・キャンベル（35）がニューカッスルへ、ウィリアム・ギャラス

（32）がトッテナムへ、フィリップ・センデロス（25）がフラムにフリーで移籍するなど、最終ラインの退団が多いシーズンスタートになりました。代わりに長くアーセナルを支えることになるローラン・コシールニー（24）を1250万ユーロで、やや苦しんだ印象のあるセバスティアン・スキラッチ（29）を650万ユーロで獲得していますす。ただ当時はCBのやりくりに苦労していた印象で、主力であってほしかったトーマス・フェルマーレン（24）がリーグ戦で5試合しか出られていません。

最前線にはマルアーヌ・シャマフ（26）も獲得していますが、かなり苦しんだ印象です。このシーズンは得点源であるロビン・ファン・ペルシー（27）がケガをすることが多く、リーグ戦に25試合出場、合計1767分しかプレータイムがありませんでした。それでも18得点を記録してチーム内得点王に輝いているのはすごいわけですが。当時のオランダ人ストライカーは本当に得点能力が高く、クラブのレジェンドであるベルカンプが「ファン・ペルシーがシュートミスをするまでジャグジーを浴びようと思ったら体中がふやけた」なんて逸話もあるほどです。

また、課題はCBやストライカーだけではありませんでした。GKも絶対的な存在がおらず、ウカシュ・ファビアンスキ（25）がリーグ戦14試合出場、ヴォイチェフ・シュチェスニー（20）が15試合出場、アルムニア（33）が8試合出場と3人で出場機会を分け合う状況でした。

このように苦しいシーズンだったことは間違いありませんが、悪いことばかりではなく、例えばサミル・ナスリ（23）が覚醒して10ゴールを記録しています。味方とのパスワークでチャンスを演出する素晴らしいアタッカーでした。翌シーズン、シティに移籍してしまうのが非常に惜しいですね。

またこのシーズンはガラスの天才ジャック・ウィルシャー（18）が爆発したときでもありました。リーグ戦に35試合出場1ゴール3アシストなので、得点直結のプレーこそ少なかったですが、ピッチの中央で相手のプレスを破壊するドリブルは目を見張るものがありました。特にＣＬのホームのバルセロナ戦で見せた数々のドリブル突破は伝説級です。いずれにしても、この頃はまだ悪童もたくさんいた時代ですね。

また冬には宮市亮《みやいちりょう》（17）が加入して、そのままフェイエノールトにローン移籍しています。そしてオランダの地でリーグ戦12試合出場3ゴール5アシストを記録するなど、当時の日本サッカー界で言うと快挙に近い結果も残しています。まだまだ欧州組も少なく、海外で活躍する10代の選手なんてほとんどいませんでしたからね。

このシーズンの思い出深い選手にも触れておくと、ニクラス・ベントナー（22）がまず思い浮かびます。ピザ屋で現金がなくて支払いができず、「俺はベントナーだぞ」

と逆ギレした事件もありましたね。

5位　トッテナム・ホットスパー　監督：ハリー・レドナップ

「CL初参戦&名シーン多数も成績はパッとせず」

　トッテナムにとって2010年の夏はインパクトある夏となりました。後のカルトヒーロー、サンドロ（21）が8月に加入すると、同月下旬には宿敵アーセナルを契約満了で退団していたウィリアム・ギャラス（32）をフリーで獲得。そして移籍市場閉幕の翌日には特例でレアル・マドリードからオランダ代表MFラファエル・ファン・デル・ファールト（27）の獲得を発表しました。

　リーグ戦、決して好調とは言えないスタートを切ったスパーズ（トッテナムの愛称）は14節に敵地エミレーツ・スタジアムでアーセナルと対戦。前半は完全にアーセナルのペースで、ハーフタイムは2点ビハインドで迎えます。しかし、ここでレドナップがフォーメーションを修正すると、後半は一気にスパーズの流れになり、85分にはユネス・カブール（24）のゴールで逆転に成功。この試合でファン・デル・ファールトは全得点に絡む活躍を見せ、スパーズファンの心を掴みました。

また、4月にホームで開催され、3-3に終わったノースロンドン・ダービーでも彼は2点決めており、加入1年目にしてトッテナムのレジェンドとしての地位を確固たるものとしたのです。2シーズンしか在籍しなかった選手ですが、精度高い左足のキックを持つ技巧派で、2シーズン連続でリーグ戦二桁ゴールを記録するなど結果を残しました。他にもロマン・パヴリュチェンコ（28）やガレス・ベイル（21）らがチームを前線から引っ張る中、ルカ・モドリッチ（24）やマイケル・ドーソン（26）も主力選手として活躍しました。思い返せばベイルはこのシーズンから前線で起用されることが増え、ストーク・シティ相手のボレー弾や、CLでの前年王者インテル相手のハットトリックなど、スパーズファン以外の記憶にも残る躍進の年でしたね。

しかし、好印象の一方でリーグ戦は前年度から順位・勝ち点ともに落として5位でフィニッシュ。他のBIG6相手に3勝3敗4分という成績は、負けずとも勝ちきれなかったシーズンをよく表しているのではないでしょうか。

「最も苦しんだ絶望のシーズン」

6位　リヴァプール　監督：ロイ・ホジソン／ケニー・ダルグリッシュ

リヴァプールの歴史には栄光の時代もあれば、暗黒の時代もあります。この頃はその中でも特に厳しかった時期です。移籍面でいえば夏の補強は散々で、ラウル・メイレレス（27）、クリスティアン・ポールセン（30）、ポール・コンチェスキー（29）、ジョンジョ・シェルヴィー（18）らを獲得しますが、誰も長くは活躍しませんでした。

また新監督のロイ・ホジソン（63）体制もまったく機能せず、開幕8戦で4敗を記録。マンチェスター・ユナイテッド、エヴァートンとライバルチームにアウェイで敗れ、本来は絶対的な強さを誇るホームでも昇格組のブラックプールに金星を献上してしまいました。結局、イングランド人監督は年明け1月に解任され、その時点の順位は10位に沈んでいました。しかもそんな苦しい状況の中、冬の移籍市場でエースのフェルナンド・トーレス（26）をチェルシーに売却。そして代わりに獲ってきたのが、スピード系のトーレスとはまったく異なるタイプのアンディ・キャロル（21）です。

ニューカッスルのエースだったエアバトラーは、当時としては高額な4100万ユーロもかけた選手でしたが、リヴァプール時代のキャロルはリーグ戦に44試合出場してわずか6得点のみ。結果を残せず1年半で放出されています。なおこの頃のリヴァプールはストライカーの補強が絶望的に下手でした。2008年にはトッテナムの絶対的エースだったロビー・キーン（30）を2400万ユーロで獲得するもののフィットさせることができず、わずか1年後に1670万ユーロでトッテナムに返却。国内のクラブを巻き込みながら絶望的な補強を繰り返していました。

いずれにしても最悪の状態のリヴァプールはレジェンドのケニー・ダルグリッシュ（59）が監督就任後も状況を好転させることはできず、6位でリーグ戦を終えました。

ただ、この苦しいシーズンの数少ない希望はルイス・スアレス（23）という逸材を獲得したことでしょう。1年目からリーグ戦13試合で4ゴール5アシストを記録するなど、毎試合得点直結のプレーを見せます。そしてその後3年間、リヴァプールで圧倒的な存在感を示し続けました。

また、クラブの急成長を助けるフェンウェイ・スポーツ・グループが2010年秋にリヴァプールを買収。悪名高き前オーナーのトム・ヒックスとジョージ・ジレットが残した2億ポンドもの借金を肩代わりする形で清算したことも、ファンにとっては救いになったはずです。それでもこの頃にはリヴァプールが今のように強くなる未来は、予感すら感じさせないレベルでした。

〈2010-2011シーズン順位表〉

順位	クラブ	試合	勝	分	敗	得点	失点	差	勝点
1	マンチェスター・ユナイテッド	38	23	11	4	78	37	41	80
2	チェルシー	38	21	8	9	69	33	36	71
3	マンチェスター・シティ	38	21	8	9	60	33	27	71
4	アーセナル	38	19	11	8	72	43	29	68
5	トッテナム・ホットスパー	38	16	14	8	55	46	9	62
6	リヴァプール	38	17	7	14	59	44	15	58
7	エヴァートン	38	13	15	10	51	45	6	54
8	フラム	38	11	16	11	49	43	6	49
9	アストン・ヴィラ	38	12	12	14	48	59	-11	48
10	サンダーランド	38	12	11	15	45	56	-11	47
11	ウェスト・ブロムウィッチ・アルビオン	38	12	11	15	56	71	-15	47
12	ニューカッスル・ユナイテッド	38	11	13	14	56	57	-1	46
13	ストーク・シティ	38	13	7	18	46	48	-2	46
14	ボルトン・ワンダラーズ	38	12	10	16	52	56	-4	46
15	ブラックバーン・ローヴァーズ	38	11	10	17	46	59	-13	43
16	ウィガン・アスレティック	38	9	15	14	40	61	-21	42
17	ウォルヴァーハンプトン・ワンダラーズ	38	11	7	20	46	66	-20	40
18	バーミンガム・シティ	38	8	15	15	37	58	-21	39
19	ブラックプール	38	10	9	19	55	78	-23	39
20	ウェストハム・ユナイテッド	38	7	12	19	43	70	-27	33

（参照：FLASHSCORE）

11/12シーズン雑談配信 ※映像なし

6万回視聴　13年前　999　共有

上位のチャットのリプレイ

りょー　この年のオッズ1番人気はユナイテッド！

伊藤　大きな変化もないし、順当にいけば今年もユナイテッド優勝かな

りょー　昨季終盤の尻つぼみ感はあるけど最も安牌《あんぱい》ですね

伊藤　シティは2番人気かー！　アグエロとか期待感ある若手を積極補強したのが人気の理由でしょう

りょー　3番人気のチェルシーはトーレス移籍後初のフルシーズンですし、往年の名選手たちもいるので期待大ですね

伊藤　アーセナルは4番人気ですか

りょー　超主力級の二人が去って、特にナスリはシティに移籍しちゃったし……ポジティブな要素が見当たらないです

「劇的な展開でのプレミアリーグ初優勝」

1位　マンチェスター・シティ

監督：ロベルト・マンチーニ

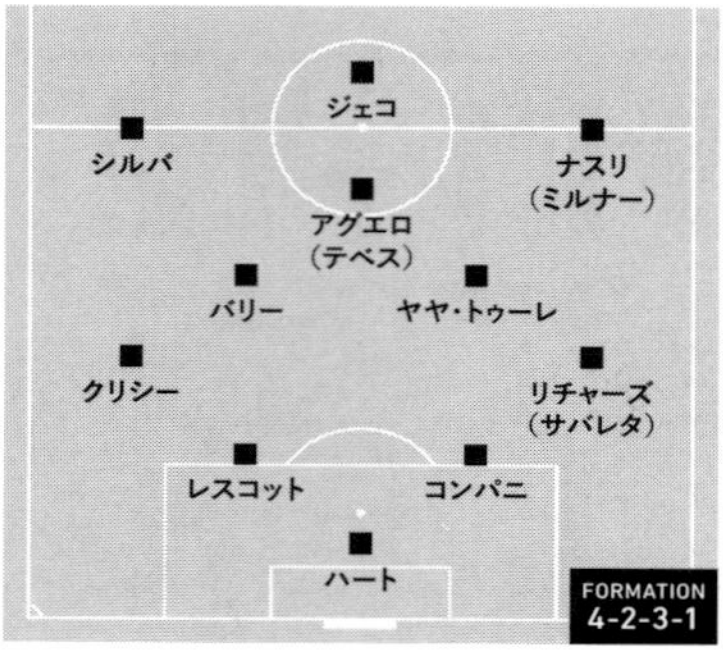

11−12シーズンは、もうマンチェスター・シティの時代でしたね。この時期のシティは、セルヒオ・アグエロ（23）、サミル・ナスリ（24）、ガエル・クリシー（26）といった名だたる選手たちが加入しています。合計9000万ユーロ近くのお金をかけており、当時としては相変わらずの金持ちっぷりを見せつけていますね。

なかでもアグエロの加入は大きな出来事でした。彼が途中出場のデビュー戦で2ゴール1アシストを記録したことは今でも鮮明に覚えています。アルゼンチン人ストライカーはプレミアリーグデビューイヤーでしたが、最終的に23ゴールを記録しています。

新加入組の活躍もあり、シティはスタートダッシュに成功しています。なんと言っても序盤戦は14戦12勝2分で無敗。マンチェスター・ユナイテッドも調子が良かったものの、9節のマンチェスター・ダービーではマリオ・バロテッリ（20）、エディン・ジェコ（25）がそれぞれ2ゴールを決めて、6-1で勝利しています。ダビド・シルバ（25）がデ・ヘア（20）の股抜きを決めた場面も忘れられません。スペイン人GKが悔しがっている姿も印象的でしたね。

一時期は2位に沈む時期もありましたが、36節ホームでのマンチェスター・ダービーでの直接対決ではヴァンサン・コンパニ（25）がヘディングでゴールを決めて1-0で勝利、首位に浮上しました。今振り返るとこの人もまた重要な場面で得点を決めていますね。

そして有名な最終節に突入します。シティは勝てばほぼ優勝が決まる試合で、前半先制するものの、後半に2点を決められて逆転されます。勝たなければ優勝を逃す展開。別試合のユナイテッドが勝利を収めて先に試合が終わり、このままではシティは2位でした。しかし、アディショナルタイム。92分にジェコが同点弾を決めて、94分にアグエロが逆転弾を決めたことで、順位が入れ替わりました。

最終節までもつれたギリギリの優勝争いはシティが制して、トップリーグでは44シーズンぶり、プレミアリーグ発足後では初のリーグ制覇を成し遂げました。今でこそプレミアリーグ4連覇も成し遂げていますが、このシーズン優勝を逃していればどうなっていたのでしょうか。

伊藤の一言

バロテッリは9節のマンチェスター・ダービーで『WHY ALWAYS ME?』と書かれたインナーシャツを中継で披露して世界的に話題になりました。そういう意味でもこの年のダービーは伝説に残る試合だと思います。彼自身もリーグ戦13ゴールを決め、後のリヴァプール時代を含めてプレミアリーグではキャリアハイの活躍を見せましたね。なんと言っても最終節のラストプレーでアグエロのゴールをお膳立てして、プレミアではキャリア唯一のアシストも記録して、シティの優勝に貢献しました。長く活躍した選手ではありませんが、忘れられない偉大なOBのうちの一人です。なおこのシーズンはCL初挑戦でグループステージで敗退していますが、まあリーグ戦で初優勝したので総じて良いシーズンでした。

「惜しくも優勝を逃し、CLはグループステージ敗退」

2位　マンチェスター・ユナイテッド　監督：アレックス・ファーガソン

このシーズンの補強は成功でしたね。ダビド・デ・ヘア(20)、フィル・ジョーンズ（19）、アシュリー・ヤング（26）ら、その後長く主力として活躍する選手たちを獲得できています。ただこの中で言うと、初年度のデ・ヘアはまだまだプレミアリーグのフィジカルバトルに苦しんだ印象があります。ドーナツの万引き疑惑事件など、いろんな意味で世間を騒がせることが多かったですね。

またジョーンズは晩年こそケガが多く、気持ちが前面に出すぎてプレーが空回りするといったネガティブな印象が強いですが、当時は将来の主将候補として期待される存在でした。事実、加入初年度からリーグ29試合に出場して、プレミアで2番目に少ないチーム失点数に貢献していました。しかもCBだけでなくボランチでもプレー可能というマルチな選手でもありましたね。

ヤングは今でこそベテランのSBとして馴染んでいますが、この頃は左サイドからカットインして、内巻きのクロスを送る逆足ウインガーとして名を馳せていましたね。リーグ戦で6ゴール7アシストを記録しています。

あとはアカデミーからダニー・ウェルベック（20）が台頭し始めたのがこのシーズンです。前年はローン先のサンダーランド（当時プレミアリーグ）で26試合に出場して6ゴールを記録。復帰したこのシーズンは9ゴール4アシストを記録して結果を残していなます。当時は今ほど選手の低年齢化も進んでいないので、21歳でこの活躍は十分すぎるものでした。このときはスピード系のストライカーというタイプでしたね。

リーグ戦では勝ち点89を積み上げ、十分優勝可能なポイント数だったのですが、先ほど書いたとおりシティにギリギリのところでまくられてしまいました。ユナイテッドファンとしては最も悔しいシーズンの一つではないでしょうか。

リーグ戦でギリギリ優勝できなかった印象が強く、つい忘れられがちですが、このシーズンは国内カップ戦もそれぞれ早期敗退、CLでもグループステージで敗退しています。思い返すとファーガソン時代にもこんな散々なシーズンがあったんですね。

「2−8の衝撃にパニックバイも……ファン・ペルシー覚醒」

3位　アーセナル　監督：アーセン・ベンゲル

このシーズンは開幕直後に若き主将セスク・ファブレガス（24）がバルセロナに、サミル・ナスリ（24）がシティに移籍。いきなり攻撃の柱二人を失いました。アレックス・オックスレイド＝チェンバレン（17）やジェルヴィーニョ（24）らを獲得してシーズンを迎えましたが、開幕3戦勝ちなし。しかも3節でユナイテッドにあの伝説の2−8の大敗を喫してしまいます。

そして移籍期限最終日の8月31日にペア・メルテザッカー（26）、パク・チュヨン（26）、アンドレ・サントス（28）、現監督のミケル・アルテタ（29）、ヨッシ・ベナユン（31）らが加入しました。まさに歴史的な〝パニックバイ〟です。ただ、その後は立て直し、CLこそラウンド16で敗退しましたが、リーグ戦は最終的に3位で終えました。

その原動力となったのが、覚醒したロビン・ファン・ペルシー（28）です。移籍したセスクの代わりに主将に就任すると、序盤から好調を維持し、キャリアハイのリーグ戦30ゴールを記録。見事得点王に輝きました。特筆すべきは、同じく柱に成長したアレクサンドル・ソング（24）とのコンビネーションです。15節のエヴァートン戦（1-0）、27節のリヴァプール戦（2-1）では、ソングの正確な浮き球パスからファン・ペルシーが左足で豪快なボレーシュートを突き刺しました。あのホットラインは印象的でしたね。

また、冬には短期間ですが、レジェンドのティエリ・アンリ（34）がニューヨーク・レッドブルズからローン移籍で復帰。25節のサンダーランド戦（2-1）では、アンドレイ・アルシャビン（30）のアシストを受けて91分に劇的決勝ゴールを決めました。

といったように攻撃面はポジティブな要素が多かったのですが、新加入のメルテザッカーはまだ本領発揮とはいかず、ローラン・コシールニー（25）もオウンゴールが多かったりと、課題の多く残るシーズンだったように思います。

「新旧戦力融合で強さを見せるもELはグループリーグ敗退」

4位　トッテナム・ホットスパー　監督：ハリー・レドナップ

この年のトッテナムは元アメリカ代表のベテランGKブラッド・フリーデル（40）や、スコット・パーカー（30）を完全移籍で獲得。マンチェスター・シティからはかつてアーセナルに在籍して活躍したエマニュエル・アデバヨール（27）をローンで迎え入れ、夏の移籍市場で前年の問題点を的確に補強しました。しかしその一方で、ピーター・クラウチ（30）やロビー・キーン（31）、ウィルソン・パラシオス（27）など、主力選手も多く放出。冬の移籍も見てみると、前年度二桁得点のロマン・パヴリュチェンコ（29）も売却していますね。ちなみに、後釜はルイ・サハ（32）でした。

そんなトッテナムはリーグ戦開幕2連敗と厳しいスタートを切りましたが、そこからは11試合で10勝と調子を戻します。特に4節ではアデバヨールの2点を含む4得点でリヴァプールを下しています。最後まで3位を巡ってアーセナルと競いましたが、一歩届かず4位でシーズンを終えました。

このシーズンは新加入組が既存戦力のガレス・ベイル（22）やルカ・モドリッチ（25）らとうまく融合していてシンプルに強かったですね。アデバヨールは33試合で17得点11アシストと大活躍。またカイル・ウォーカー（21）が主力として定着し、PFA年間最優秀若手選手賞を受賞したシーズンでもあります。

と、ここまでは一見ポジティブなシーズンですが、EFLカップは初戦敗退、そしてEL（UEFAヨーロッパリーグ）でもルビン・カザンやPAOKに敗れ、グループステージ敗退。レドナップ全盛期で豪華メンバーも揃っていただけに、「もっとできたでしょう」と思わざるを得ない結果でした。そして6月には、約4年間監督を務めたレドナップ解任のニュースとともにシーズンが閉幕するのです……。

6位　チェルシー　監督：アンドレ・ビラス＝ボアス／ロベルト・ディ・マッテオ
「リーグ戦は苦戦するもCL初優勝」

このシーズンはCLで初優勝したシーズンとして有名ですね。補強としては夏にフアン・マタ（23）やラウル・メイレレス（28）、冬にはギャリー・ケーヒル（25）らタイトル獲得に貢献する即戦力を獲得。この頃からチェルシーは積極的な若手補強が目立っていて、このシーズンだけでロメル・ルカク（18）やティボー・クルトワ（19）、ケヴィン・デ・ブライネ（20）、パトリック・バンフォード（17）らを獲得しています。全員がチェルシーのトップチームに定着できたわけではないですが、当時から有望株の発掘に長けていました。

そして監督を務めたのは当時33歳の若手監督アンドレ・ビラス＝ボアス。クラブチームの下部組織に所属したこともなく、プロキャリアがほとんどない若手のポルトガル人監督ということあって、「モウリーニョ2世」ともてはやされていました。実際、前年のポルトでは1シーズンしか率いていませんでしたが、無敗優勝を記録し、ELでも優勝に導くなど確かな結果も残していました。

しかしチェルシーでは経験のなさが露呈して、フランク・ランパード（33）ら複数の選手と不仲に。ロシアの大富豪ロマン・アブラモビッチがオーナーを務めた時期に指揮を執った7人の監督の中で、当時最低となる勝率48％と1試合平均得点数1・7を記録しました。新加入のマタや前述のランパードに加えて、ディディエ・ドログバ（33）、このシーズン11得点と好調のダニエル・スターリッジ（21）、フェルナンド・トーレス（27）ら、前線のメンバーは豪華でしたが、うまくまとめることはできなかったですね。

大金をつぎ込んで獲ってきた有望若手監督でしたが、わずか8ヶ月で解任し、チェルシーのOBロベルト・ディ・マッテオ（41）を暫定監督に招聘《しょうへい》。すると、まさかの奇跡が起きます。リーグ戦こそ大きく立ち直りませんでしたが、CLでは連戦連勝。ラウンド16では1-3のビハインドで折り返したものの、2ndレグから指揮を執ったイタリア人監督は、4-1で逆転してベスト8進出。準々決勝ではベンフィカに2連勝すると、準決勝のバルセロナ戦では、ホームの1stレグでドログバの1点を守り抜いて勝利を収めます。

そして、アウェイでの2ndレグでは前半2失点を喫した上に、ジョン・テリー（31）が一発退場で数的不利の絶望的な状況に陥りますが、驚異的な集中力で前半終了間際に1点を取り返します。後半早々にはPKのピンチも、リオネル・メッシ（24）が蹴ったボールはバー直撃で回避。最終的にフェルナンド・トーレスが92分に同点弾を決めて2戦合計3-2で勝利。終盤の時間帯にはエースのドログバがSBの位置に入ってまで守る熱戦でした。チェルシーのポゼッション率は27%しかなく、ほとんど殴られ続ける一方でしたからね。勝てたのが不思議なくらいです。フィクションの世界ならここで燃え尽きてもおかしくないところでしたが、チェルシーの奇跡は続きます。

決勝の地はドイツ、バイエルン。そして対戦相手はバイエルン・ミュンヘン。さらに、主将のテリーを筆頭にブラニスラヴ・イバノビッチ（27）、ラウル・メイレレス、ラミレス（24）の4人が出場停止とメンバー構成も厳しい、超絶アウェイの決勝戦でした。そんな難しい試合を80分すぎまで0-0でなんとか耐え、83分にトーマス・ミュラー（21）に先制点を奪われてしまいますが、85分にマタのコーナーキックをドログバがヘッドで決めて試合をイーブンに。延長戦では開始5分にバイエルンにPKが与えられるものの、超人的なセーブでチェコ代表GKペトル・チェフ（29）がストップ。120分間では結着がつかず、PK戦にもつれ込むと、ここでも守護神チェフがビッグセーブを連発し、最終的にはドログバがラストキッカーとしてネットを揺らし、初の欧州王者に。

まさに劇的、まさに奇跡。苦しい逆境を何度も跳ね返しての初栄冠に、思わず拍手した他サポも多かったのではないでしょうか。

「止まらない絶望期、せめてもの救いは国内カップ戦優勝」

8位　リヴァプール　監督：ケニー・ダルグリッシュ

このシーズンもリヴァプールは非常に厳しい時期の渦中にありましたね。クラブのレジェンドであるケニー・ダルグリッシュ（60）が監督でしたが、チームとしての方向性が見えず壊滅状態でした。補強策も効果的ではなく、アタッカーのステュワート・ダウニング（27）、CBのセバスティアン・コアテス（20）、チャーリー・アダム（25）らを獲得しましたが、誰も定着できずに終わります。ジョーダン・ヘンダーソン（21）も加入したのはこのシーズンで、後にクラブのレジェンドとなる選手ですが、当時の評価はあまり高くなく、初年度は凡庸な活躍でした。チームの成績は6位以下が常態化し、27節から31節には泥沼の5連敗を喫して、最終的にライバルのエヴァートンを下回る8位フィニッシュ。この5連敗には13位サンダーランド、15位ウィガン、17位QPRら下位との試合も含まれているので深刻でした。

今では要塞と化したホーム、アンフィールドでも成績は振るわず、リーグ戦のホーム戦績は6勝9分4敗と低迷。終盤には9位フラムや10位ウェスト・ブロムら中位陣にもホームで敗戦しています。リーグ全体で振り返っても38試合47ゴールという得点力不足が深刻でした。この後、ブレンダン・ロジャーズ監督が就任し、ルイス・スアレスらの活躍もあって一時的に立て直しを見せますが、それまではまさに地獄の時期でした。シーズン終了後の5月にダルグリッシュは解任されています。

せめてもの救いは国内カップ戦はいずれも決勝に進出したことでしょう。FAカップ決勝こそチェルシーに1-2で敗れましたが、EFLカップではカーディフを相手にPK戦にまでもつれるも、最終的に勝利を収めています。

ちなみにこのPK戦1番手を務めたスティーブン・ジェラード（31）はキックを失敗していますﾟ。ただ最終的にカーディフのアンソニー・ジェラード（25）が失敗したことで、リヴァプールの優勝が決まりました。勘のいい読者はお気づきかもしれませんが、このアンソニーはスティーブンの血縁者です。従兄弟なのです。事実は小説より奇なりとはこのことですね。

〈2011-2012シーズン順位表〉

順位	クラブ	試合	勝	分	敗	得点	失点	差	勝点
1	マンチェスター・シティ	38	28	5	5	93	29	64	89
2	マンチェスター・ユナイテッド	38	28	5	5	89	33	56	89
3	アーセナル	38	21	7	10	74	49	25	70
4	トッテナム・ホットスパー	38	20	9	9	66	41	25	69
5	ニューカッスル・ユナイテッド	38	19	8	11	56	51	5	65
6	チェルシー	38	18	10	10	65	46	19	64
7	エヴァートン	38	15	11	12	50	40	10	56
8	リヴァプール	38	14	10	14	47	40	7	52
9	フラム	38	14	10	14	48	51	-3	52
10	ウェスト・ブロムウィッチ・アルビオン	38	13	8	17	45	52	-7	47
11	スウォンジー・シティ	38	12	11	15	44	51	-7	47
12	ノリッジ・シティ	38	12	11	15	52	66	-14	47
13	サンダーランド	38	11	12	15	45	46	-1	45
14	ストーク・シティ	38	11	12	15	36	53	-17	45
15	ウィガン・アスレティック	38	11	10	17	42	62	-20	43
16	アストン・ヴィラ	38	7	17	14	37	53	-16	38
17	クイーンズ・パーク・レンジャーズ	38	10	7	21	43	66	-23	37
18	ボルトン・ワンダラーズ	38	10	6	22	46	77	-31	36
19	ブラックバーン・ローヴァーズ	38	8	7	23	48	78	-30	31
20	ウォルヴァーハンプトン・ワンダラーズ	38	5	10	23	40	82	-42	25

（参照：FLASHSCORE）

12/13シーズン雑談配信 ※映像なし

7万回視聴　12年前　999　共有

上位のチャットのリプレイ

りょー　今年の1番人気はシティ！　まあ、昨季とんでもない優勝しましたからね

伊藤　ちゃんとユナイテッドをダブルで下しての優勝ですし

りょー　そんなユナイテッドはファーガソンがラストで、香川とファン・ペルシーがやってきた

伊藤　新しい風が吹く予感がしますね

りょー　逆にファン・ペルシーが抜けたアーセナルは4番人気です！　ソングもいなくなりましたが、今季は補強がすでにしっかりしてるからね

伊藤　でも結果的にはマイナスでしょう

りょー　5番人気はリヴァプール！　新監督効果はあるのか？

「香川真司到来&ファーガソンラストイヤー」

1位　マンチェスター・ユナイテッド

監督：アレックス・ファーガソン

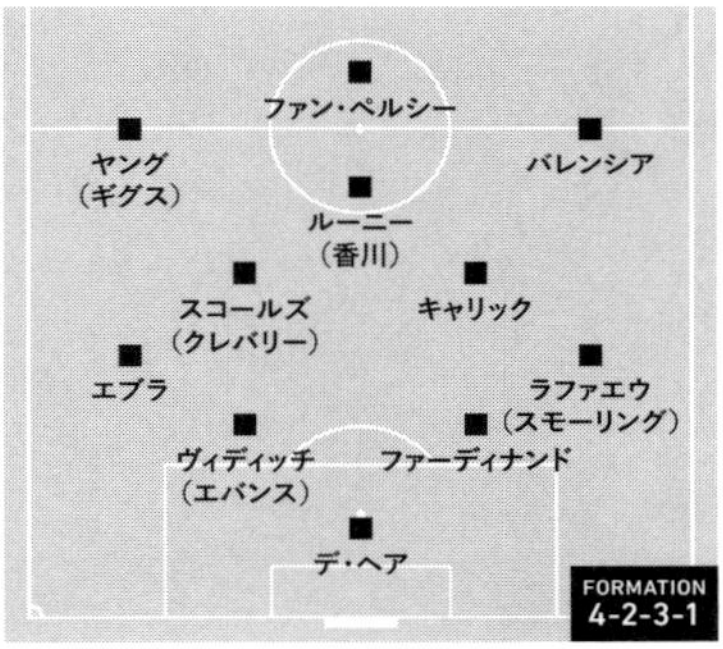

大きく3つのトピックがあるシーズンでした。一つは日本代表MF香川真司《かがわしんじ》（23）がドルトムントから1600万ユーロで加入したこと。もう一つは大物ストライカーの加入。そして、アレックス・ファーガソン（70）がラストイヤーに優勝を果たしたことです。

日本のサッカーファンとしてはなんと言っても、香川の加入はビッグトピックでしょう。今でこそリヴァプールやアーセナルで日本人がプレーするのが当たり前になっていますが、当時はプレミアリーグの強豪に、しかもスタメン級の戦力として日本人が加入するのは初めてのことでした。実際、移籍金の1600万ユーロは当時のイングランドにおける日本人最高額。セレッソ大阪出身のテクニシャンは、前所属のドルトムントでリーグ優勝の立役者として活躍していたこともあり、獲得当初のメディアの論調としては、「香川を次世代の中心選手にするのでは?」というものでした。実際、開幕でスタメン出場し、28節のノリッジ戦ではハットトリックを決めるなど、リーグ戦20試合出場6ゴールを記録しており、初年度としては悪くないものでした。ただプレミアリーグ特有のフィジカルバトルの部分で苦しんでいたのと、夏の移籍期間最終日に「ある男」が急に移籍してきたことで、チーム内での立ち位置は変わってしまいます。

そう、アーセナルからロビン・ファン・ペルシー(29)を3000万ユーロで獲得したのです。この移籍は衝撃でした。前年度アーセナルで得点王として輝かしい成績を残した、いわばライバルチームのエースを獲得したわけですからね。当然、僕としては悔しい気持ちがありました。そんなグーナーの複雑な感情をよそに、オランダ人ストライカーは、このシーズン26ゴールを記録して2季連続で得点王に輝きます。

特にウエイン・ルーニー(26)との2トップの破壊力は凄まじく、34節のアストン・ヴィラ戦で見せたゴールは伝説級でした。自陣から蹴られたルーニーのロングフィードを、地面に落とさずダイレクトで合わせてネットを揺らしたわけですからね。このアシストでルーニーはシーズン10アシストを記録しており、チャンスメイカーとして高い能力を改めて示しました。

新戦力だけではなく、このシーズンで引退となったポール・スコールズ（37）も最後の輝きを見せ、チーム一丸となって戦った結果、前年度の悔しさを跳ね返すかのように再び勝ち点89を記録。プレミアリーグ優勝を果たしました。こうしてファーガソンは有終の美を飾って勇退したわけですが、今思うと不穏な空気が漂い始めていました。最終節であり、ファーガソンラストマッチのウェストブロム戦でロメル・ルカク（19）にハットトリックを決められて勝ちきれず、5-5の引き分けで終わってしまったあたりから……。

伊藤の一言

このシーズン、アントニオ・バレンシア（27）が7番をつけてプレーしたものの絶不調で、翌シーズン以降、もともとつけていた25番に戻すという事件がありましたね。この辺りが「7番の呪い」の始まりかもしれません。前任者のマイケル・オーウェン（32）も活躍は一時的でしたが、シティ相手に劇的な決勝点を決めるなど印象的なプレーもあったので、起点をどことするかは人によって意見が変わるかもしれませんが。

「CBの相方探しに迷走、盤石の強さはまだ」

2位　マンチェスター・シティ　監督：ロベルト・マンチーニ

このシーズンのマンチェスター・シティは補強精度が十分ではなく、まだまだ当たり外れが多かった印象です。ハビ・ガルシア（25）、マティヤ・ナスタシッチ（19）、ジャック・ロドウェル（21）、スコット・シンクレア（23）、そしてインテル時代の指揮官の教え子でもあるマイコン（31）らを獲得したものの、長く活躍した選手はいませんでした。支出額はリーグ5番目の６１００万ユーロ。シティにしては控えめな額ですが、それでも大金は大金です。また、この時期はコンパニの相方探しに躍起になり、かなり苦しんでいました。

改めて振り返ると近年では一番苦しいシーズンだったかもしれません。リーグでは開幕15戦は無敗でしたが、そのうち引き分けは6試合。リーグ全体でも勝ちきれない展開が多く、最終的には2位でフィニッシュしています。

またカップ戦も奮いませんでした。ＣＬではレアル・マドリード、アヤックス、ドルトムントという「死の組」に巻き込まれて、２シーズン連続グループステージ敗退が決定。しかもこのシーズンは１勝もすることができませんでした。ただ、これは相手が悪かったという面もあります。アヤックスには若き日のクリスティアン・エリクセン（20）、ライアン・バベル（25）、ダレイ・ブリント（22）、トビー・アルデルバイレルト（22）らが在籍。ユルゲン・クロップ（45）率いる最強ドルトムントも、ロベルト・レバンドフスキ（23）、イルカイ・ギュンドアン（21）、マルコ・ロイス（23）らの陣容で決勝まで進んでいます。レアル・マドリードにいたっては、カリム・ベンゼマ（24）、クリスティアーノ・ロナウド（27）、ルカ・モドリッチ（26）、アンヘル・ディマリア（24）、メスト・エジル（23）、カカ（30）などを擁していた時代。相手も強かった。

ただFAカップ決勝に関しては言い訳できません。対戦相手はロベルト・マルティネス（39）率いるウィガンです。スペイン人監督は後にエヴァートンやベルギー代表を率いることでも有名ですが、当時は若き知将という立ち位置。翌週末に2部への降格が決まる北部のクラブを相手に、アディショナルタイムに失点してしまい、まさかの0–1で敗北しています。

黄金期は始まっているものの、まだ盤石の強さはなかったシーズンだと言えるでしょう。

「アザール獲得も監督人事は迷走」

3位　チェルシー

監督：ロベルト・ディ・マッテオ／ラファエル・ベニテス

チェルシーにベルギー代表ＦＷエデン・アザール（21）が加入しました。新時代の始まりですね。他にもブラジル代表ＦＷオスカル（20）や、ナイジェリア代表ＦＷヴィクター・モーゼス（21）ら、魅力的なアタッカーたちがブルーズに加入しています。また、後に主将を務めることになるスペイン代表ＤＦセザル・アスピリクエタ（22）もこのシーズンからです。

即戦力な選手が数多くいるものの、最終的にこのシーズンは苦しいシーズンとなっています。理由はいくつかあるのですが、そのうちの一つはフェルナンド・トーレス（28）の不調です。前シーズン限りで退団していたディディエ・ドログバ（34）に代わるエースとして期待され、序盤戦はリーグ戦7試合で4ゴールと好調だったのですが、最終的にこのシーズンのリーグ戦ゴール数はわずか8。年間で68本のシュートを打っているものの、11％しか得点に繋がっていません。さすがにこれは外しすぎです。前年冬加入当初は４６００万ユーロの価値がある選手でしたが、このシーズン終了時には２３００万ユーロと市場価値が大暴落しています。

序盤8試合はトーレスの好調も相まって7勝1分の首位でしたが、9節のマンチェスター・ユナイテッド戦でブラニスラヴ・イバノビッチ（28）とトーレスの二人が退場し、2-3で敗北。この試合を機に不調に陥ったチェルシーは、スウォンジー、リヴァプールに引き分け、ウェストブロムには敗戦。リーグ戦の順位を3位に落とします。

さらにCLグループステージでは2勝1敗1分とやや不調気味で、ユヴェントスに0-3で大敗。昨季チームをCL優勝に導いたロベルト・ディ・マッテオ監督（42）を解任することになりました。守備の要のジョン・テリー（31）と得点源のフランク・ランパード（34）が負傷離脱していたことを考えると、もう少しイタリア人監督を引っ張ってもよかった気がしますが、この辺りの解任の早さはチェルシーらしいですね。

その後、リヴァプールで一時代を築いたラファエル・ベニテス（52）を暫定監督に据え、ストライカー不調問題はデンバ・バ（27）をニューカッスルから獲得することで改善を試みましたが、大きく復調することはできませんでした。

このように苦しいシーズンではありましたが、ポジティブな要素もありました。一つはアザールが初年度から9ゴール11アシストを記録して未来のエースとしての片鱗を見せたこと。もう一つはアスピリクエタもイングランド初挑戦ながら27試合に出場し、ほぼフル稼働してくれたことです。

なおフランク・ランパードはこのシーズン15ゴールを記録して、リーグ戦での二桁ゴールを10シーズン連続で記録しました。なお翌シーズンは6ゴールしか取れず、シーズン末に退団しているので、このシーズンがチェルシー・ランパードとしては最後の輝きを見せたシーズンだったと言えます。

伊藤の一言

EFLカップ準決勝でエデン・アザールがボールボーイを蹴飛ばして退場処分を受けるという珍事件もありましたね。1stレグを0-2で折り返して、点を取らなければ敗退が決まる展開にフラストレーションが溜まっていたのも大きかったのでしょう。確かにボールボーイはすぐにボールを返しませんでしたが、さすがに蹴るのはよくなかったですね。とはいえその後FAは全クラブにスタッフの適切な行動を求めたことからも、全面的にアザールが悪かったとは言えない事件でもありました。ちなみにそのボールボーイは現在、世界を代表するウォッカブランド「AUウォッカ」を経営しており、億万長者になっているそうです。

「大エース移籍と〝NEXTアンリ〟の奮起で新時代到来」

4位　アーセナル　監督：アーセン・ベンゲル

前年大活躍だったロビン・ファン・ペルシー（29）、アレクサンドル・ソング

（24）が移籍し、オリビエ・ジルー（25）、ルーカス・ポドルスキ（27）、サンティ・カソルラ（27）が加入。〝新時代の幕開け〟という印象が強かったのがこのシーズンです。

ゴールマウスは前年に続きヴォイチェフ・シュチェスニー（22）が守り、最終ラインはバカリ・サニャ（29）、ペア・メルテザッカー（27）、トーマス・フェルマーレン（26）、ローラン・コシールニー（26）らが中心となって支えました。中盤はカソルラ、ミケル・アルテタ（30）、アーロン・ラムジー（21）、そして前シーズンはケガでまったく稼働できなかったジャック・ウィルシャー（20）らが出場を重ねていますね。

そして前線で核となったのが、〝NEXTアンリ〟として期待されていたセオ・ウォルコット（23）です。このシーズンはアーセン・ベンゲル監督（62）に1トップで起用されることも多く、キャリアハイの公式戦21ゴールを記録しました。特に印象深かったのが、7-3という稀にみる打ち合いとなった20節ニューカッスル戦です。この試合、ウォルコットは3ゴール2アシストの大暴れだったのですが、特に3点目が素晴らしく、相手に一度ペナルティーエリア内で倒されながらもすぐさま起き上がって決めたゴールでした。なお、このシーズンはEFLカップのラウンド16でも、レディングを相手に衝撃的な7-5の打ち合いを繰り広げています。ウォルコットはこの試合でもハットトリックを記録しました。

CLでは、バイエルン・ミュンヘンにラウンド16で敗れました。ホームでの1stレグを1‐3で落としましたが、2ndレグは2‐0で勝利。ただ、アウェイゴールの差であと一歩及ばず敗退となりました。

最終的にリーグ戦は4位でフィニッシュ。ファン・ペルシーという絶対的エースが抜けた中で、誰か一人に依存しすぎることなく駆け抜けた1年でした。

5位　トッテナム・ホットスパー　監督：アンドレ・ビラス＝ボアス
「ベイルの無双」

前季末に解任となったハリー・レドナップの後釜にデイビッド・モイーズ（50）やラファエル・ベニテス（52）らの名前が挙がる中、選ばれたのはアンドレ・ビラス＝ボアス（34）でした。ポルトガル人監督は就任の翌日にギルフィ・シグルズソン（22）を最初の補強とし、続いてヤン・フェルトンゲン（25）をアヤックスより獲得。他にも前季ローンで加入していたエマニュエル・アデバヨール（28）の買い取りに加え、ムサ・デンベレ（25）、ウーゴ・ロリス（25）、クリント・デンプシー（29）を迎え入れ、チームの核となる選手をうまく補強した夏となりました。

そして良い補強の裏では、チームを10年以上支えてきたワン・クラブ・マンで、2005年から主将も務めたレドリー・キングが7月に31歳で引退を発表したり、8月末にはルカ・モドリッチ（26）とラファエル・ファン・デル・ファールト（29）の売却に踏み切るなど、はっきりとした世代交代が行われました。

リーグ戦は勝ったり負けたりしつつも、最終的には勝ち点72を積み上げ、トッテナムのプレミアリーグ新記録を樹立。それでも順位は5位止まりで、昨年に引き続きアーセナルが勝ち点1差で上位に立ちました。このシーズンで特に印象的な試合といえば、6節のマンチェスター・ユナイテッド戦。ガレス・ベイル（23）、デンプシーらのゴールでアウェイで勝利を収めた試合ですが、これはなんとトッテナムにとって実に23年ぶりのオールド・トラッフォードでの勝利だったんですね。

またこのシーズンはベイルのスパーズでのラストシーズンでもあり、19節アストン・ヴィラ戦でハットトリックを記録するなど、33試合で21ゴール4アシストの大活躍でした。ドリブル突破からのゴールやミドルレンジから力強いシュートも決め、本当にすごいシーズンでした。一方で前季のチーム得点王だったアデバヨールは完全移籍で加入したにもかかわらず、新監督の下では大きく出場機会を減らすことになりました。

「ブレンダン・ロジャーズ就任とコウチーニョの獲得」

7位 リヴァプール 監督：ブレンダン・ロジャーズ

このシーズンにリヴァプールは、スウォンジー・シティでGKから丁寧に繋いでいくビルドアップのスタイルが評価されていたブレンダン・ロジャーズ（39）を新監督に招聘しました。

ただリヴァプールのDFラインは、グレン・ジョンソン（27）、ダニエル・アッガー（27）、マルティン・シュクルテル（27）、マーティン・ケリー（22）など、決して足元がうまいとは言えない選手が集まっており、開幕戦のアウェイでのウェスト・ブロムウィッチ・アルビオン戦では0-3の完敗を喫するなど、スタイルの構築には時間を要しました。

シーズン前には、ジョー・アレン（22）、ファビオ・ボリーニ（21）を獲得。レアル・マドリードからはローン移籍でヌリ・シャヒン（23）を獲得し、冬の補強ではダニエル・スターリッジ（23）、そしてフィリペ・コウチーニョ（20）も獲得しました。スターリッジは加入後14試合の出場で、フラム戦のハットトリックを含む10ゴール3アシストを記録。コウチーニョはリーグ13試合出場3ゴール5アシストと、冬に補強した両者が確かな活躍を見せましたね。下部組織からは、ラヒーム・スターリング（17）がトップチームに昇格しました。17歳とは思えない球離れの良さと今と変わらないスピードで、初年度からプレミアリーグ24試合に出場し2ゴール2アシストと結果を残しました。

前シーズンに引き続き、ルイス・スアレス（25）がエースとして23ゴールを決め、得点ランキング2位になりました。冬にスターリッジとコウチーニョが来てからは、スアレス頼みの攻撃ではなくなって自由が生まれたように感じましたね。

リーグ戦では、アンフィールドで4敗を喫するなどあまり調子が上がらず、最終的に7位でフィニッシュ。FAカップもオールダムに敗戦し、ELでもゼニト・サンクトペテルブルグに敗れました。でもこの頃のゼニトは、フッキ（26）やヴィツェル（23）などメンバーも豪華で強かったですよね。

〈2012-2013シーズン順位表〉

順位	クラブ	試合	勝	分	敗	得点	失点	差	勝点
1	マンチェスター・ユナイテッド	38	28	5	5	86	43	43	89
2	マンチェスター・シティ	38	23	9	6	66	34	32	78
3	チェルシー	38	22	9	7	75	39	36	75
4	アーセナル	38	21	10	7	72	37	35	73
5	トッテナム・ホットスパー	38	21	9	8	66	46	20	72
6	エヴァートン	38	16	15	7	55	40	15	63
7	リヴァプール	38	16	13	9	71	43	28	61
8	ウェスト・ブロムウィッチ・アルビオン	38	14	7	17	53	57	-4	49
9	スウォンジー・シティ	38	11	13	14	47	51	-4	46
10	ウェストハム・ユナイテッド	38	12	10	16	45	53	-8	46
11	ノリッジ・シティ	38	10	14	14	41	58	-17	44
12	フラム	38	11	10	17	50	60	-10	43
13	ストーク・シティ	38	9	15	14	34	45	-11	42
14	サウサンプトン	38	9	14	15	49	60	-11	41
15	アストン・ヴィラ	38	10	11	17	47	69	-22	41
16	ニューカッスル・ユナイテッド	38	11	8	19	45	68	-23	41
17	サンダーランド	38	9	12	17	41	54	-13	39
18	ウィガン・アスレティック	38	9	9	20	47	73	-26	36
19	レディングFC	38	6	10	22	43	73	-30	28
20	クイーンズ・パーク・レンジャーズ	38	4	13	21	30	60	-30	25

（参照：FLASHSCORE）

13/14シーズン雑談配信 ※映像なし

8万回視聴　11年前　999　共有

上位のチャットのリプレイ

りょー　1番人気は昨季優勝のユナイテッドですが、ファーガソンからモイーズへ久しぶりの監督交代がありました

伊藤　エヴァートンでやれてたんでなんとかなるでしょ

りょー　ルーニーとファン・ペルシー、香川やバックスとかいるしね

伊藤　2番人気は同率でシティとチェルシーですか

りょー　シティはどれだけ長く繁栄できるのかって感じよね

伊藤　チェルシーはアザールの活躍やモウリーニョが帰ってきたことがオッズを高めた要因だね

りょー　アーセナルはエジルがやってきた！　10番がやってきてグーナーは歓喜する一方、FWが欲しかったはずじゃ？

「破壊的な攻撃力でゴール量産」

1位　マンチェスター・シティ

監督：マヌエル・ペジェグリーニ

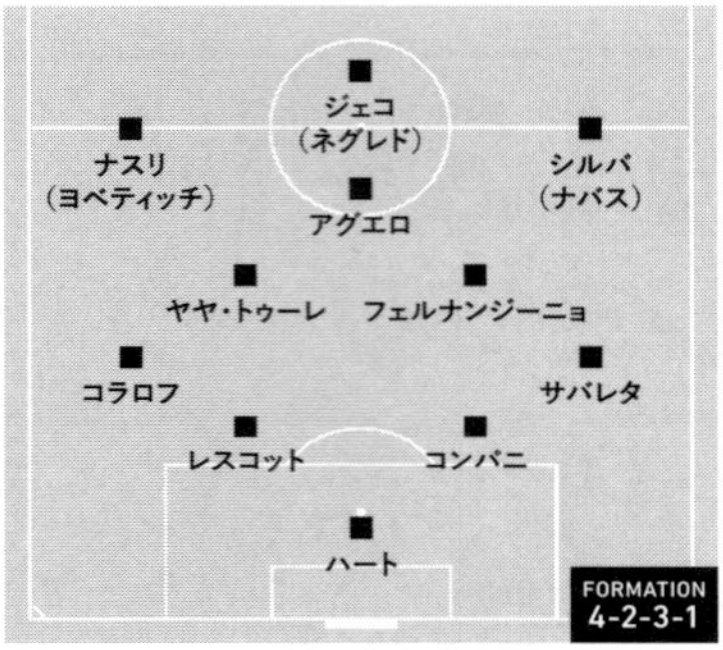

マヌエル・ペジェグリーニ監督（59）のもと、2度目の優勝を果たしたシティはクラブ史上初のリーグ戦100ゴール超えを達成。さらに参加した全コンペティションでも驚異の156ゴールをマークしました。圧倒的な攻撃力の中軸は、ヤヤ・トゥーレ（30）（20ゴール）、セルヒオ・アグエロ（25）（17ゴール）、エディン・ジェコ（27）（16ゴール）の3人であり、クラブ史上初、3人がリーグ戦15ゴール以上をマークしています。

このようにシーズンを通して驚異的な攻撃力を誇っていましたが、序盤はＤＦラインの構築に苦戦。2節カーディフ（2−3）、4節ストーク（0−0）、6節アストン・ヴィラ（2−3）、11節サンダーランド（0−1）など格下相手に苦戦を強いられてしまいます。一時は8位まで転落しますが、ヴァンサン・コンパニ（27）を軸とした守備陣が安定すると、年明け以降はわずか2敗と安定した戦績を残しました。CLなどで日程の消化が遅れたのもありますが、終わってみたら首位の座にいたのはわずか2週間だけという、近年稀にみる大激戦でのリーグ制覇となりました。CLではクラブ史上初の決勝トーナメント進出を果たしますが、ラウンド16でバルセロナに2戦合計1-4で敗れ、ビッグイヤーを逃してしまいます。しかしプレミアリーグとEFLカップを制覇し、二冠を達成しました。

主な補強としては、ベテランの域に突入したカルロス・テベス（29）をユヴェントスに放出するも、その後長年にわたりチームに貢献することになるフェルナンジーニョ（28）をシャフタールから獲得。さらには、32歳とベテランながら安定した活躍を見せたマルティン・デミチェリスや、若きステファン・ヨベティッチ（23）などの新戦力が加わり、既存メンバーとの融合が目立つシーズンとなりました。

伊藤の一言

このシーズンからプレミアで採用されたゴールラインテクノロジー（Hawk Eye）が最初に作動したのが29節アストン・ヴィラ戦（4-0）で、奇しくもこのシーズンのリーグ100ゴール目でもあったそうな。

「タイトル争いに加わるも終盤に失速」

2位　リヴァプール　監督：ブレンダン・ロジャーズ

このシーズンの一番のトピックスはなんと言っても、プレミアリーグでの優勝争いでしょう。リヴァプールは9連勝を含む好調を維持して、終盤まで優勝候補としてシーズンを進めます。忘れられないのが大一番34節のマンチェスター・シティ戦です。スティーブン・ジェラード（33）を中心に円陣を組み、優勝に向けて檄を飛ばしたシーンは強く印象に残っています。この試合、3-2で勝利を収めます。しかし、36節のチェルシー戦でママドゥ・サコ（23）のバックパスを受けようとしたジェラードがまさかのスリップ。そのままチェルシーにゴールを決められて0-2で敗戦。次節の37節クリスタル・パレス戦では途中まで3-0とリードしていたものの、前節からの悪い流れを断ち切れず、試合終盤に3失点を喫して引き分けに終わってしまいます。クラブのレジェンドであるジェラードのミスは見ているほうも辛かったですね。そして最終節にはなんとか勝利するものの、勝ち点2の差でシティに優勝の座を奪われてしまいました。

ジェラードは、中盤低めの位置での起用が多かったにもかかわらず、リーグ戦34試合の出場で13ゴール13アシストと記録に残る活躍を見せており、キャプテンを責めるファンは誰もいなかったのではないでしょうか。このチームの選手でただ一人、90年代のリヴァプールでプレーしたレジェンドであり、不調のときもチームを支えてきた功労者ですよね。

このシーズンもエースとして大活躍したルイス・スアレス（26）は、前季の噛みつき行為での出場停止期間が開幕から5試合あったにもかかわらず、リーグ戦だけで31ゴール13アシストと圧巻すぎる活躍でした。このシーズンのスアレスは、パスもできてシュートもできる、これまで見てきたストライカーの中でもトップクラスのプレイヤーだったのではないでしょうか。14節のノリッジ戦での4得点1アシストの活躍は衝撃的でした。

補強として、ママドゥ・サコ、シモン・ミニョレ（25）、イアゴ・アスパス（26）、コロ・トゥーレ（32）などを獲得。シティからフリートランスファーで獲得したCBコロ・トゥーレは印象的ですね。

一方で、現在ラ・リーガでプレーするスペイン人で、最も多くゴールを決めているイアゴ・アスパスがリヴァプールに在籍していたことはあまり知られていないのでしょうか。

「第二次モウリーニョ政権発足」

3位　チェルシー　監督：ジョゼ・モウリーニョ

このシーズンのチェルシーは、第二次ジョゼ・モウリーニョ政権が始まり、タイトルこそ獲れなかったものの、全体としては可能性を感じる悪くないシーズンだったのではないでしょうか。夏の移籍市場ではウィリアン（24）、アンドレ・シュールレ（22）、マルコ・ファン・ヒンケル（20）の3人を合計5690万ユーロで、そしてサミュエル・エトー（32）をフリーで獲得。前季の得点力不足の解消を目指しました。これらの補強はファン・ヒンケルこそあまり戦力になりませんでしたが、ウィリアンは長く活躍し、シュールレやエトーも途中出場を中心に要所で存在感を発揮し、悪くない内容でした。ただ結局のところこのシーズンも得点力不足の問題を解決することはできませんでした。

相変わらずこのポルトガル人監督は堅い守備ブロックを作り上げ、失点数はリーグ最小の27。ブルーズより上位のシティとリヴァプールに対してはともにダブル（ホーム・アウェイともに勝利）を成し遂げたほどです。そのうちの1試合は前述のとおり、ジェラードスリップからの、デンバ・バ（28）独走のゴールで2-0で勝利した試合。

余談ですがこのリヴァプール戦、モハメド・サラー（21）がチェルシーの一員としてスタメン出場しています。運命というのは皮肉なものですね。

話を戻すと、いずれにしてもチェルシーは得点力が大きく不足しており、上位2チームより得点数が30以上離されてしまいました。29節時点では首位に立っていたものの、その後、ヴィラ（15位）、パレス（11位）、サンダーランド（14位）に敗戦を喫するなど、下位チームを相手に攻めあぐねて勝ち点を落としてしまいます。

得点力不足の原因は様々ですが、前年度からシーズン序盤まで好調だったオスカル（21）が後半戦に不調に陥ったにもかかわらず、代役になり得たかもしれないフアン・マタ（25）を守備強度を理由に放出しています。また、フェルナンド・トーレス（29）はこのシーズンも5点しかとれず、ドログバの後継者にはなれませんでした。そのほか、ベテラン格のエトーは十分な質を出せず、頼みのフランク・ランパード（35）は今シーズン限りで13年間所属したチェルシーを退団しています。

ただ悪いことばかりではなく、冬に獲得したネマニャ・マティッチ（25）は後にリーグ優勝の原動力になりますし、なんと言ってもエデン・アザール（22）は大爆発。リーグ戦で14ゴール7アシストを記録します。ＣＬでも準決勝まで進出していますし、強さは見せたものの、全体的に惜しいシーズンとなってしまいました。

伊藤の一言

これは後出しじゃんけんなので、言ってもしょうがないのかもしれませんが、この冬にケヴィン・デ・ブライネ（22）をヴォルフスブルグに放出しています。もちろんこのシーズンに戦力になったかはわかりませんが、後の活躍を考えるともう少し彼にチャンスがあってもよかったかもしれませんね。BBCのインタビューによると、モウリーニョと彼は「2回しか話したことがない」そうです。開幕2試合スタメンのあと、完全に戦力外にしたようですが、決断が早すぎたかもしれません。

「〃魔法使い〃加入とラムジー覚醒で9年ぶりタイトル」

4位　アーセナル　監督：アーセン・ベンゲル

このシーズンはなんと言っても〃最後のロマン枠〃メスト・エジル（24）が加入した年です。いろいろな大物ＦＷの名前が挙がっても獲得できていなかった中で、移籍期限最終日に突如ドイツ代表ＭＦのエジルがやってきました。その他の補強がヤヤ・サノゴ（20）やマチュー・フラミニ（29）だったので、そのときは一気に盛り上がりましたね。

そのエジルは初年度で公式戦7ゴール13アシスト（リーグ戦5ゴール9アシスト）

とさすがの結果を残しましたが、それ以上に目立ったのが覚醒したアーロン・ラムジー（22）です。公式戦16ゴール9アシスト（リーグ戦10ゴール8アシスト）と多くの得点に絡み、チームのシーズンMVPに輝きました。

あとは、アーセナルファンの中でいまだに強く記憶に残るゴールが生まれた年でもあります。それは、10月19日のリーグ8節ノリッジ戦（4-1）の18分に決まった先制点。サンティ・カソルラ（28）、オリビエ・ジルー（26）、ジャック・ウィルシャー（21）が近い距離でポンポンとワンタッチパスを繋ぎ、最後はジルーからアウトサイドで浮き球パスを受けたウィルシャーが右足ダイレクトでゴールに流し込みました。何度見ても興奮する、サッカー史に残る美しいゴールでしたね。このゴールを見てアーセナルファンになったサッカーファンも多いと聞きます。

また、加入2年目のジルーもエジルの加入によって得点力が上がり、リーグ戦16ゴールを記録します（1年目は11ゴール）。エジルからのアシストを受けて決める場面の多さに、〝エジルー〟なんて言葉も生まれました。

タイトルのところで言うと、リーグ戦は序盤こそ好調で1位の時期もありましたが、年明け以降は不安定になり、結局4位でフィニッシュ。CLはまたもやバイエルン・ミュンヘンに敗れてラウンド16で敗退しましたが、FAカップは優勝し、9シーズンぶりにタイトルを獲得しました。決勝は開始8分でハル・シティに2点を奪われますが、カソルラ、ローラン・コシールニー（27）のゴールで71分までに追いつくと、延長に入った後の109分に、このシーズンの主役ラムジーが決勝点を決めて大逆転勝利。いい形で1年を締めくくりました。

「世代交代を試みるも空回りするマグニフィセント・セブン」

6位　トッテナム・ホットスパー　監督：アンドレ・ビラス＝ボアス／ティム・シャーウッド

このシーズンはある意味伝説のシーズンですね。9月に起こるガレス・ベイル（24）との別れを察したトッテナムは夏の移籍市場で大胆に動きます。なんとウィリアム・ギャラス（35）やトム・ハドルストーン（26）、スコット・パーカー（32）ら主力選手、さらには前年夏加入したばかりのクリント・デンプシー（30）までもを売却したのです。その代わりにパウリーニョ（25）、ナセル・シャドリ（23）、ロベルト・ソルダード（28）、エティエンヌ・キャプー（25）、ヴラド・キリケシュ（23）、クリスティアン・エリクセン（21）、エリク・ラメラ（21）の7人、いわゆる「マグニフィセント・セブン」をリーグ2位の支出で獲得し、チームの刷新を図りました。

そんな大盤振る舞いのトッテナムでしたが、多くの選手が負傷に苦しんだこともあって結果は支出に見合うものではありませんでした。新加入組の7人もその愛称に込められた期待に応えることはできず、マンチェスター・シティに0-6、リヴァプールに0-5と大敗を重ね、アンドレ・ビラス=ボアス（36）は12月で解任となりました。後任にはクラブのOBティム・シャーウッド（44）が就き、前監督に冷遇されていたエマニュエル・アデバヨール（29）を先発メンバーに復帰させます。チームを一時復調させましたが、再びシティ、リヴァプール、そして今度はチェルシー相手にもそれぞれ4点差で大敗し、最終節後に解任が発表されました。

このように終わってみれば散々なシーズンでしたが、ポジティブな要素もありました。前季の後半をQPRで過ごしたアカデミー出身の期待の星、アンドロス・タウンゼント（22）がシャーウッド監督の下で出場機会を得たほか、ナビル・ベンタレブ（18）やハリー・ケイン（20）もこのシーズンからトップチームに絡んでいます。特にケインはリーグ戦初先発の33節サンダーランド戦でプレミアリーグ初ゴールを決めると、波に乗って34節、35節でも得点しています。ソルダードが不発の中、冬にはジャーメイン・デフォー（30）を売却しているので、スパーズにとってはありがたいタイミングでの台頭でしたね。

7位　マンチェスター・ユナイテッド　監督：デイビッド・モイーズ

「モイーズとゆく地獄のはじまり」

多くのプレミアリーグのファンにとって印象的なシーズンです。言い換えれば、マンチェスター・ユナイテッドの「凋落の始まりのシーズン」と言ってもいいでしょう。アレックス・ファーガソンが昨季に引退し、後任監督を自ら指名。同胞の後輩であるデイビッド・モイーズ（50）が監督に就任しました。現代的な感覚で振り返ると、この監督人事も正直、変ですよね。ただ、まだスポーツダイレクターなんて役職がないのが当たり前の時代ですし、こんなことも起こってしまったのです。

そして移籍市場もボロボロでした。夏の終わりにモイーズの古巣エヴァートンから、マルアン・フェライニ（25）を３２４０万ポンドで購入したのみ。前年と比べてほとんど上積みがないまま、夏を終えます。８月こそ無敗で乗り切ったものの、９月はボロボロ。４戦３敗で、ユナイテッドファンはさすがに気付いたはずです。これまでとは違うシーズンになるかもしれないと。

結果だけでなく、試合内容もボロボロで、大外からロングボールを放り込むだけ。25節のフラム戦で81本ものクロスを放り込んだものの、２−２で引き分けたことは迷走の象徴として有名です。

直近数年は財政難でやや補強費が減っていたとはいえ、前年の優勝メンバーがほとんど残っていたにもかかわらずチームを7位まで沈め、35節の古巣エヴァートン戦で0-2で敗戦を喫した後、モイーズは解任となりました。その後、ライアン・ギグスが選手兼監督を務めるものの、順位を上げることはありませんでした。なおこのシーズン終了後、ウェールズが誇るドリブラーは40歳で現役を引退しました。今ほど長寿のプレイヤーが多くない中、しかも運動量やスピードが求められるウイングや中盤の位置で長くプレーしたことは偉業だと言っていいでしょう。実際、ギグスは現役中、オフシーズンですら太った姿を見せないほど徹底した体形管理をしていたようですから ね。

このシーズンの数少ないポジティブな要素は、アカデミー出身のアドナン・ヤヌザイ（18）が台頭したことではないでしょうか。トップレベルの突破力でユナイテッドの攻撃を牽引しました。また、その後約8年間もユナイテッドに在籍したフアン・マタ（25）が冬に加入したことも忘れてはなりませんね。

〈2013-2014シーズン順位表〉

順位	クラブ	試合	勝	分	敗	得点	失点	差	勝点
1	マンチェスター・シティ	38	27	5	6	102	37	65	86
2	リヴァプール	38	26	6	6	101	50	51	84
3	チェルシー	38	25	7	6	71	27	44	82
4	アーセナル	38	24	7	7	68	41	27	79
5	エヴァートン	38	21	9	8	61	39	22	72
6	トッテナム・ホットスパー	38	21	6	11	55	51	4	69
7	マンチェスター・ユナイテッド	38	19	7	12	64	43	21	64
8	サウサンプトン	38	15	11	12	54	46	8	56
9	ストーク・シティ	38	13	11	14	45	52	-7	50
10	ニューカッスル・ユナイテッド	38	15	4	19	43	59	-16	49
11	クリスタル・パレス	38	13	6	19	33	48	-15	45
12	スウォンジー・シティ	38	11	9	18	54	54	0	42
13	ウェストハム・ユナイテッド	38	11	7	20	40	51	-11	40
14	サンダーランド	38	10	8	20	41	60	-19	38
15	アストン・ヴィラ	38	10	8	20	39	61	-22	38
16	ハル・シティ	38	10	7	21	38	53	-15	37
17	ウェスト・ブロムウィッチ・アルビオン	38	7	15	16	43	59	-16	36
18	ノリッジ・シティ	38	8	9	21	28	62	-34	33
19	フラム	38	9	5	24	40	85	-45	32
20	カーディフ・シティ	38	7	9	22	32	74	-42	30

（参照：FLASHSCORE）

14/15シーズン雑談配信 ※映像なし

9万回視聴　10年前　999　共有

上位のチャットのリプレイ

伊藤　1番人気、シティでございます

りょー　昨季デッドヒートを繰り広げて優勝したと

伊藤　攻撃力は申し分ないけど守備の安定感が出せるかが疑問……相対的に1位だったのが昨季って感じかな

りょー　2番人気はチェルシー！　2年目モウリーニョとセスクへの期待感からだろうね

伊藤　2年目のモウはマジでタイトル率高いからね

りょー　3番人気のリヴァプールは、スーパーFWスアレスの穴をどう埋めるかが鍵ですね

伊藤　4番人気のユナイテッドは新監督を招聘と

りょー　昨季7位でも期待感の表れでしょうね

「ホーム無敗、勝ち点87で他を寄せ付けず」

1位　チェルシー

監督：ジョゼ・モウリーニョ

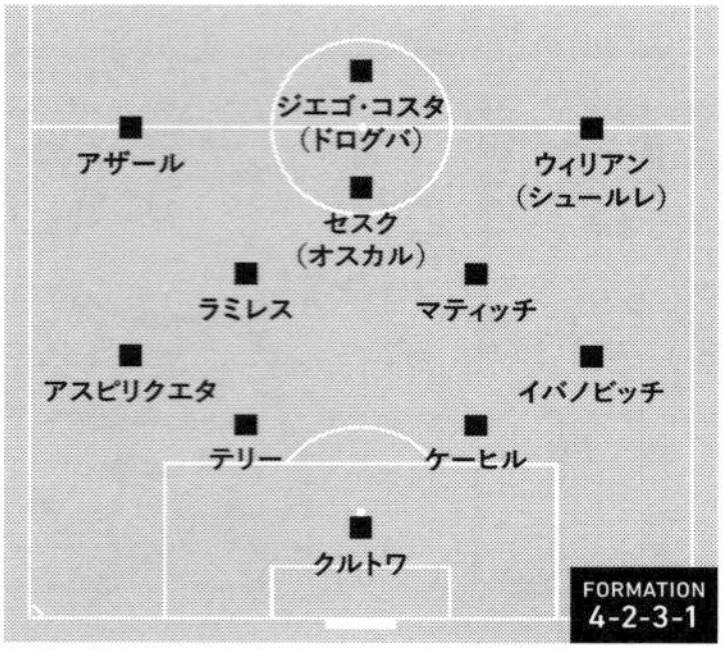

これぞチェルシーと言うべきでしょうか。ダビド・ルイス（27）をパリ・サンジェルマンに、ロメル・ルカク（21）をエヴァートンに高額売却するなど、このシーズンは売りオペレーションが多かったものの、結局3年連続で1億ユーロ以上使って大型補強したことで、その総決算としてリーグ優勝を成し遂げています。もちろん2年目のジョゼ・モウリーニョ（51）が盤石ということも大きいのですが、なんと言ってもジエゴ・コスタ（25）とセスク・ファブレガス（27）という前線の大物2枚どりによって、前年苦しんだ得点力不足を解決します。コスタは初年度から、最初の4試合で7得点をあげるなどスタートダッシュに成功すると、最終的に年間20ゴールを記録。点も取れて、ポストプレーもできて、守備も頑張る。僕は彼の

ことを現代型FWの頂点だと感じていました。

またセスクに関しては、グーナーの僕としては複雑な気持ちもありますが、青いユニフォームを身に纏《まと》って18アシストを記録しています。アーセナルにいたときよりも、よりチャンスメイク能力に磨きがかかっていましたね。いずれにしろ、はっきり言って二人ともすごすぎます。

前年度の堅さを維持したまま、これだけの攻撃陣が加入してくればそりゃ強いわけです。このシーズンは、長年ブルーズを前線から牽引したディディエ・ドログバ（36）の幻影を完全に払拭。正確に言うと、ドログバはこのシーズン1年だけフリーで復帰して28試合に出場、4ゴールを決めているので、なおさら隙なしでした。

その結果、ホームは15勝無敗で、アウェイでも3敗しかしていません。ほとんどの時期を首位に立ち、2位のシティを8ポイントも突き放して余裕の優勝です。チェルシーの勝ち点87は、ジョゼ・モウリーニョがタイトルを獲得した05-06シーズン以来の記録でもあります。そしてEFLカップも決勝でスパーズに勝利して二冠。嫉妬してしまうほど、このシーズンのチェルシーは強かったです。

伊藤の一言

CLこそラウンド16で敗退していますが、相手はイブラヒモビッチ（32）、カバーニ（27）、ラベッシ（29）の3トップに、中盤はヴェラッティ（21）、マテュイティ（27）、ダビド・ルイス、CBはチアゴ・シウバ（29）にマルキーニョス（20）という、最強PSGですからね。むしろこのクラブが優勝できていないのがおかしいくらいです。まあ優勝したバルセロナがメッシ（27）、スアレス（27）、ネイマール（22）ら3トップ、通称「MSN」全盛期で強すぎたというのもありましたが。

「高額補強に失敗するも、アグエロが得点王の活躍」

2位　マンチェスター・シティ　監督：マヌエル・ペジェグリーニ

このシーズンの夏もヴァンサン・コンパニ（28）の相方探しは続きます。ポルトからはエリアカン・マンガラ（23）をこの夏最高額の４５００万ユーロで獲得。デビュー戦のチェルシー戦では最高の活躍を見せて、英メディアＢＢＣは両チームで２番目に高い８点の評価を付けました。しかしこのフランス人ＤＦにとっては、このデビュー戦がピークだったのかもしれません。その後は身体能力は高いものの、状況判断に難があり、パフォーマンスは振るわず。スタッツサイト『Transfermarkt』が算出する市場価値は、加入当初3500万ユーロと評価されていたものの、5年後に退団する頃には1000万ユーロまで価値を下げてしまいました。このシーズンの大金補強は散々で、冬にはストライカーのウィルフリード・ボニー（25）をスウォンジーから獲得するものの、リーグ戦36試合で6点しか決められず。スウォンジーでは2シーズン56試合で26点も決めていたのですが……。そして3番目にお金をかけたフェルナンド（27）も失敗とまでは言いませんが、スタメンにはなりきれず、結果3シーズンでチームを去ります。

一方、お金をかけた選手よりも安価な選手のほうが活躍します。アーセナルからフリーでバカリ・サニャ（31）が、ニューヨーク・シティからのローンでフランク・ランパード（36）が加入。ランパードは、マンチェスター・シティでの自身2戦目のチェルシー戦に途中出場すると、終了間際の85分に得点を決めて試合を1－1に持ち込みました。これにはさすがに驚きました。最終的にチェルシーが優勝しましたが、もしシティが優勝していたら……。ランパードのこのゴールが今よりももっとフォーカスされていたにちがいありません。そうなると、その後のシティとチェルシーの立場も変わっていたかもしれませんし、チェルシーの監督人事にも大きく影響を及ぼしたはず。何にせよ不思議な移籍でした。同じシティグループ内での移籍だったとはいえ、彼のマンチェスター・シティへの移籍は違和感が大きかったです。

メンバー的には悪くはないのですが、高額補強の失敗もあってシーズン通してみると安定させることはできず。20節の時点で一度首位に立つものの、三日天下で翌節から4試合連続で勝利なし。また26節ニューカッスル戦では5-0で大勝したかと思えば、27節から32節の6試合で4敗。しかも相手はバーンリー（19位）やクリスタル・パレス（10位）などＢＩＧ６以外の相手に敗れた上に、マンチェスター・ダービーでも２-4で敗れる苦しい敗戦が続き、一時は4位まで順位を落としました。

それでも最終的に2位に返り咲けたのは、アグエロがラスト9試合で9ゴールと覚醒し、シーズン26得点を記録して得点王に輝くほどの活躍を見せたからです。ラスト6試合は6連勝で悪くないシーズンの終わり方をしました。

伊藤の一言

ヤヤ・トゥーレ（31）が誕生日を祝ってもらえず拗ねてしまい、退団を考慮したのはこのシーズンですね。彼の人間味溢れる性格を象徴する、思わず笑ってしまう事件でした。

「サンチェス加入、終盤8連勝もCLでモナコに屈す」

3位　アーセナル　監督：アーセン・ベンゲル

前年のメスト・エジル（25）に続き、この夏も大物が加入しました。チリ代表のアレクシス・サンチェス（25）です。ある意味、「アーセナルっぽくない」と言えるような2年連続での超大物獲得ですね。その期待に応えるように、1年目から公式戦25ゴール12アシスト（リーグ戦16ゴール8アシスト）と大車輪の活躍を見せ、ファンが選ぶプレミアの年間MVPに輝きました。なんでもこなせるルイス・スアレス（27）に近いというか、「理不尽」という言葉が似合う暴れっぷりでしたね。このときのサンチェスに関しては、今のスカッドにいても余裕で先発に入れると思います。

そのほかの新加入選手に目を移すと、ダビド・オスピナ（25）、マテュー・ドゥビュシー（29）、カラム・チェンバース（19）、ダニー・ウェルベック（23）がチームに加わりました。ウカシュ・ファビアンスキ（29）、バカリ・サニャ（31）、トーマス・フェルマーレン（28）らが退団したので、守備陣が大きく入れ替わった感じですね。そんな中、この年に一気にブレイクしたのがプロ2年目のエクトル・ベジェリン（19）です。新加入のドゥビュシーも含めて守備陣に負傷者が続出したため、シーズン中盤以降、右ＳＢの主軸として躍動しました。

チームはリーグ戦序盤こそ引き分けが多く苦しみますが、年明け以降は調子を上げ、2月の25節からはなんと8連勝。最大のハイライトは、7連勝目となった31節のリヴァプール戦です。ベジエリンのドリブル突破からの先制点、エジルの完璧なＦＫ、サンチェスの理不尽ミドルシュート、そしてトドメはオリビエ・ジルー（28）の強烈な左足ゴラッソで4‐1の快勝を飾り、最終的にシーズンを3位で終えました。ＦＡカップも、決勝でアストン・ヴィラに4‐0で大勝し、見事2連覇を果たしましたね。

一方、ＣＬはラウンド16でモナコに敗戦。ようやくバルセロナやバイエルン・ミュンヘン以外のクラブとあたり、ベスト16の壁を越えられるかと思われましたが、強豪クラブに移籍する前のアントニー・マルシャル（19）、ファビーニョ（21）、ベルナルド・シウバ（20）、ヤニック・フェレイラ・カラスコ（21）らを擁する若いチームに勢いで押し切られてしまいました……。あの悔しさと悲しみは今でも忘れられないです。

「プレシーズンの期待とは裏腹に」
4位　マンチェスター・ユナイテッド　監督：ルイ・ファン・ハール

　モイーズの苦しすぎるシーズンが終わり、ルイ・ファン・ハール監督（63）の到来でユナイテッドは復権するかと思われていました。というのも、当時のオランダ代表監督は直近の2014年ブラジルW杯で、最終ラインが手薄なオランダ代表を率いてチームをベスト4まで導いたからです。オランダ代表の前評判がそこまで高くなかったこともあり、この結果でファン・ハールは自身の株を上げ、彼に期待するファンも多かったのではないでしょうか。実際、W杯終了後にユナイテッドの監督に就任すると、伝統的に4バックしか使ってこなかったクラブに3バックを導入して、ポゼッションサッカーでプレシーズンマッチを全勝。圧倒的な結果でファンの期待値を上げました。しかもタイラー・ブラケット（20）や、パディ・マクネア（19）などアカデミー出身の若手選手を起用してこの結果ですから、ファンの期待はますます高まります。

　ところがふたを開けてみれば、開幕戦はスウォンジーに1-2で敗戦。さらに、サンダーランド、バーンリーなど下位クラブにも引き分けてしまい、8月を未勝利のまま終えました。ただし9月頭に一つの決断を下したことで、一旦クラブは復調します。

固執していた3バックを突然捨てたのです。確かに当時のユナイテッドのCB陣は3バックでスペースを守る守り方に慣れていませんでした。

そして4バックに基本システムを戻した9月以降、勝利の原動力となったのが、7500万ユーロでレアル・マドリードから加入したアンヘル・ディ・マリア（26）です。彼は1シーズンでユナイテッドを去ったことから活躍できなかった印象が強いかもしれません。しかし、実は加入直後は圧倒的な突破力とクロスによるチャンスメイクを見せて、デビュー2試合目の4節から12節にかけて、9試合で3ゴール6アシストを記録。しかし年末に負傷離脱してしまい、年明けには不運にも強盗による住居侵入未遂事件の被害者になります。すると、一気に調子を落として、その後鳴かず飛ばずという状況に陥ってしまうのです。ただチームは11節から6連勝して3位に浮上し、復調に成功しています。最終的には4位でシーズンを終えましたが、これまでのボロボロっぷりを思うと、悪くはない結果とも言えます。

ただこのシーズンは前年の2・5倍に当たる1億9500万ユーロも補強していたことを考えると、投資対効果は低かったと言えるでしょう。ルーク・ショー（19）、アンデル・エレーラ（24）、マルコス・ロホ（24）など長く活躍した選手もいますが、ディ・マリアの他にもダレイ・ブリント（24）、ラダメル・ファルカオ（28）など、リーグやクラブにうまくフィットできない選手もいましたからね。

「新時代の到来を感じさせたシーズン」

5位　トッテナム・ホットスパー　監督：マウリシオ・ポチェッティーノ

２０１４年夏、トッテナムはサウサンプトンよりマウリシオ・ポチェッティーノ（42）を新監督に招聘。補強ポイントの守備陣にベン・デイビス（21）やエリック・ダイアー（20）、フェデリコ・ファシオ（27）を迎えつつ、前シーズンまで主将を務めていたマイケル・ドーソン（30）らを売却して新時代の始まりを感じさせました。冬にはデレ・アリ（18）も獲得、ポチェッティーノ時代の基盤をしっかり築きます。ちなみにＣＢとして獲得したダイアーですが、この年はケガに悩まされたカイル・ウォーカー（24）の代役として右ＳＢでの出場が多かったです。

このシーズンを語る上で欠かせないのはハリー・ケイン（21）でしょう。エマニュエル・アデバヨール（30）とロベルト・ソルダード（29）が不調の中、ポチェッティーノは若きイングランド人を先発メンバーに選ぶ賭けに出ます。その賭けは大成功で、ケインは20節のチェルシー戦で２ゴール１アシスト、24節アーセナル戦でも２ゴールでチームを勝利に導きます。最終的に34試合21ゴール４アシストの活躍で、ＰＦＡ年間最優秀若手選手賞を受賞しました。30節のレスター戦では、過去にローンでの在籍経験がある古巣相手にプレミアリーグで自身初のハットトリックも記録し、その次の2試合ではキャプテンマークも巻いています。思えばこんなに早くから、ケインはレスターキラーなんですね。

そして、もう一人触れなければいけないのがライアン・メイソン（23）ですね。ケインの陰で忘れられがちですが、小柄なテクニシャンだった彼は6節にプレミアリーグデビューを果たすと一気に評価を上げ、ナビル・ベンタレブ（19）、クリスティアン・エリクセン（22）らとともに、中盤のキープレイヤーとしてリーグ戦31試合に出場しました。数年後にはハル・シティに移籍するのですが、不幸なことに２０１７年に試合中に頭蓋骨骨折の大ケガを負います。結局再びピッチに立つことは叶わず、翌年に引退。今ではトッテナムでコーチを務めています。

他にも既存戦力では、前季不発だったナセル・シャドリ（24）、エリク・ラメラ（22）が成長を見せ、新守護神のウーゴ・ロリス（27）が安定しないバックラインを幾度となく救いました。ダニー・ローズ（24）も先述の若手選手らとともに開花し、ポチェッティーノの初年度はリーグ戦5位、ＥＦＬカップも準優勝とポジティブな結果に終わりました。

余談ですが、ELではロリスの退場後にケインがGKをやらされて相手のFKを取りこぼしたり、ラメラがペナルティーエリア外からお得意のラボーナでゴールを決めたりと記憶に残るシーンがいくつかありました。ただ、ラウンド32でフィオレンティーナに負けて敗退しています。

「ジェラードのラストシーズンに華を添えられず」

6位　リヴァプール　監督：ブレンダン・ロジャーズ

このシーズン、リヴァプールは前季大活躍のエース、ルイス・スアレス（27）をバルセロナへと売却し、アダム・ララーナ（26）、デヤン・ロブレン（25）、ラザル・マルコビッチ（20）、マリオ・バロテッリ（24）、アルベルト・モレノ（22）、ディボック・オリギ（19）、エムレ・ジャン（20）など大量補強を敢行しました。

ただリーグ戦は調子が上がらず、前年の2位から落として6位フィニッシュ。補強はあまりハマらなかったと言えるでしょう。前年の好成績により出場権を獲得したCLも、レアル・マドリード、バーゼル、ルドゴレツと同組になり、バーゼル、ルドゴレツ相手にも勝ち点を取りこぼしてグループステージ敗退。続くＥＬでもベジクタシュ相手にＰＫ戦の末敗退しました。

14-15シーズンは、スティーブン・ジェラード（34）のリヴァプールでの選手キャリア最後のシーズンでしたね。ジェラードの誕生日5月30日に行われるＦＡカップ決勝に進出して、最後の祝福をしようとチームは奮起しますが、準決勝で惜しくもアストン・ヴィラに敗戦。ラストマッチは、ストーク相手に1-6と歴史的な大敗をして、リヴァプールでの公式戦７１０試合目を笑顔で終えることはできませんでした。

１９９８年にデビューしてから満足のいかないシーズンも多くありましたが、リヴァプールに忠誠を誓い続け、プレミアのピッチから退いた姿はとてもカッコよかったですね。

〈2014–2015シーズン順位表〉

順位	クラブ	試合	勝	分	敗	得点	失点	差	勝点
1	チェルシー	38	26	9	3	73	32	41	87
2	マンチェスター・シティ	38	24	7	7	83	38	45	79
3	アーセナル	38	22	9	7	71	36	35	75
4	マンチェスター・ユナイテッド	38	20	10	8	62	37	25	70
5	トッテナム・ホットスパー	38	19	7	12	58	53	5	64
6	リヴァプール	38	18	8	12	52	48	4	62
7	サウサンプトン	38	18	6	14	54	33	21	60
8	スウォンジー・シティ	38	16	8	14	46	49	-3	56
9	ストーク・シティ	38	15	9	14	48	45	3	54
10	クリスタル・パレス	38	13	9	16	47	51	-4	48
11	エヴァートン	38	12	11	15	48	50	-2	47
12	ウェストハム・ユナイテッド	38	12	11	15	44	47	-3	47
13	ウェスト・ブロムウィッチ・アルビオン	38	11	11	16	38	51	-13	44
14	レスター・シティ	38	11	8	19	46	55	-9	41
15	ニューカッスル・ユナイテッド	38	10	9	19	40	63	-23	39
16	サンダーランド	38	7	17	14	31	53	-22	38
17	アストン・ヴィラ	38	10	8	20	31	57	-26	38
18	ハル・シティ	38	8	11	19	33	51	-18	35
19	バーンリー	38	7	12	19	28	53	-25	33
20	クイーンズ・パーク・レンジャーズ	38	8	6	24	42	73	-31	30

（参照：FLASHSCORE）

15/16シーズン雑談配信　※映像なし

10万回視聴　9年前　999　共有

上位のチャットのリプレイ

りょー　1番人気はチェルシー！　……ですよね！

伊藤　超強かったし、逆にもうどう弱くなるの？ っていう

りょー　2番人気でシティですね！　デ・ブライネとかスターリングの大型補強もありました

伊藤　デ・ブライネやばいらしいから、プレミアになじめればシティの1位もあるかもしれない

りょー　アーセナルは3番人気ですか！　2年連続でFAカップ獲って期待感持てるというか、大物釣りありそう！
……と思ったら、あろうことか獲得したのはチェフのみ

伊藤　サンチェスが想像以上だったし、エジルもいるから二人だけで何点取るんだろうか

「ミラクルレスターと名将たちの集結」

1位　レスター・シティ

監督：クラウディオ・ラニエリ

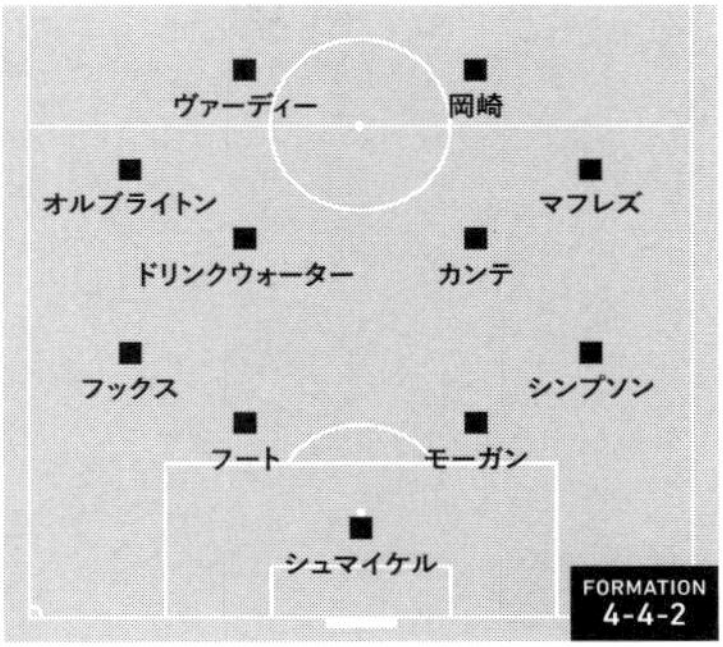

ここまでＢＩＧ６を中心に触れてきましたが、さすがにこのシーズンの優勝クラブに触れないわけにはいきません。開幕前の優勝オッズは５００１倍だったというのは有名な話ですが、それくらいシーズン開幕前の時点でレスター・シティへの期待値は低いものでした。実際、前年度は13節から32節まで最下位で降格争いに巻き込まれていたのです。ただ31節から８試合７勝１分という最高の結果を残して、最終的に14位まで順位を上げて残留を果たしました。これだけでも十分劇的な結果で、普通なら監督は続投するものなのですが、レスターは夏に大きな決断を下します。奇跡的な残留の立役者であるナイジェル・ピアソン監督（51）を、レス

ターから即日契約解除となった息子の素行不良によって解任して、クラウディオ・ラニエリ（63）を新監督に招聘したのです。

ラニエリといえば、2000年から2004年までチェルシーで指揮を執ったイタリア人監督ですが、選手やシステムをコロコロ変えることでも有名で、「ティンカーマン（下手なメカニック）」と呼ばれていました。しかし、序盤戦こそメンバーを模索したものの、途中からスタメン11人を固定。GKはカスパー・シュマイケル（28）、CBは足は遅いものの空中戦で絶対的な強さを発揮するウェズ・モーガン（31）とロベルト・フート（30）の巨漢コンビ。右SBは元ユナイテッドアカデミーのダニー・シンプソン（28）、左SBはシャルケ時代に内田篤人《うちだあつと》と仲良かったクリスティアン・フックス（29）。中盤は守備職人エンゴロ・カンテ（24）と、運動量豊富なダニー・ドリンクウォーター（25）。両翼は左にクロッサーのマーク・オルブライトン（25）、右は無重力のようなドリブル突破を見せるリヤド・マフレズ（24）。2トップは俊足FWジェイミー・ヴァーディー（28）と、日本代表FW岡崎慎司《おかざきしんじ》（29）でした。

このイレブンは後に強豪に移籍する選手が複数いたものの、大半は優勝クラブのスタメン級かというと悩ましいスカッドです。ただ一癖ある個性を持つ選手が多く、総合力という意味では、彼らの一芸が奇跡的に噛み合ったことで秋を過ぎた頃から圧倒的な強さを発揮し始めます。徐々に勝ち点を重ねたレスターは年内に一度首位に立つものの、まだこの時点では優勝を確信できる状態ではありませんでした。当時、コメンテーターのギャリー・リネカーはBBCの番組内で、「レスターが優勝したらパンツ一丁で出演する」とコメントしたほどです。なおリネカーはその後本当にこの公約を果たすことになります。その後のレスターは一時期2位に順位を落とすものの、1月末からストーク、リヴァプール、マンチェスター・シティに3連勝すると、その後、首位を最後まで維持して奇跡の優勝、通称「ミラクルレスター」を成し遂げました。このシーズンのレスターはとにかく負け数が少なく、2位のアーセナルにこそダブルをくらいましたが、それ以外の敗戦はアンフィールドのリヴァプール戦のみ。3敗という圧倒的な強さを見せつけました。

この奇跡の物語はフットボールファンの間で一生語り継がれていくでしょう。なお、勝ち点で見ると1位のレスターは81、2位のアーセナルは71と、近年で言うと珍しいくらい少ない勝ち点での決着でした。他のクラブの不調も大きかったのです。

そして、シーズン途中からユルゲン・クロップがプレミア参戦。その後、シティにはジョゼップ・グアルディオラ、チェルシーにはアントニオ・コンテ、ユナイテッドにはジョゼ・モウリーニョなど、名将が一気に押し寄せ、時代が変わっていくのです。

「直接対決は劇的勝利を飾るも〝らしい〟2位フィニッシュ」

2位　アーセナル　監督：アーセン・ベンゲル

当時、アーセナルが最も優勝に近づいたシーズンでした。主な新加入選手で言うと、夏はチェコ代表GKペトル・チェフ（33）、冬はモハメド・エルネニー（23）だけです。一方で、夏にルーカス・ポドルスキ（30）、宮市亮（22）、アブー・ディアビ（29）が退団。フィールドプレイヤーだけを見ると、少し弱体化した感覚もありました。

とはいえふたを開けてみれば、リーグ戦は開幕のウェストハム戦こそ落としたものの、その後は順調に勝ち点を積み重ねます。7節では、このシーズンを優勝するレスター・シティと激突。当時レスターは開幕から無敗でしたが、アレクシス・サンチェス（26）のハットトリックもあり、5−2で快勝しました。その次の8節ユナイテッド戦では3−0で完勝。サンチェス、メスト・エジル（26）の抜群のコンビネーションで、開始19分で3ゴールを奪いました。

その勢いのまま、年明けには一時首位に立ちますが、21節から4戦勝ちなしと失速すると、レスターに首位を奪い返されます。そんな中で迎えたのが26節。今でも多くのグーナーの記憶に新しい、レスターとの伝説の直接対決です。試合は45分にジェイミー・ヴァーディ（29）にＰＫを決められて先制を許しますが、70分にセオ・ウォルコット（26）が同点ゴール。そして迎えた95分のラストプレー、エジルの正確なＦＫに途中出場のダニー・ウェルベック（25）が頭で合わせ、劇的逆転勝利を飾りました。このときのエミレーツ・スタジアムの爆発っぷりは今でも忘れられませんし、このウェルベックのゴールはアーセナルファンであれば全員知っていると思います。

ただ、ここからがアーセナルらしいというか……。ユナイテッドとスウォンジーに2連敗を喫して逆転優勝が一気に遠のきました。ユナイテッド戦では、プレミアデビュー戦となったマーカス・ラッシュフォード（18）に2ゴールを叩き込まれましたからね。結局レスターに勝ち点差10をつけられて2位で終え、ＣＬもラウンド16でバルセロナに敗れ、コミュニティシールドの一冠のみでシーズンを終えました。

「優勝争いするものの、心折れて順位を落とす」

3位　トッテナム・ホットスパー　監督：マウリシオ・ポチェッティーノ

このシーズンのトッテナムは前年度に引き続き優秀な補強を行っていますね。鳴かず飛ばずのパウリーニョ（27）やエティエンヌ・キャプー（27）、ロベルト・ソルダード（30）らを見切って、アーロン・レノン（28）らベテラン組とともに大量放出を行うと、キーラン・トリッピアー（24）、トビー・アルデルヴァイレルド（26）、ソン・フンミン（23）と主力選手を獲得しています。2月にMKドンズにローンバックされていたデレ・アリ（19）もチームに合流しました。

ちなみにソン・フンミンの獲得は会長であるダニエル・レヴィの手柄らしく、レヴァークーゼンのスタジアムにアポ無しで飛び込んだとか。韓国代表FWと契約するまで帰らないと頑固に居座ったエピソードは、彼のハードネゴシエーターぶりをよく表しています。

このシーズンの典型的なラインナップはウーゴ・ロリス（28）、カイル・ウォーカー（25）、アルデルヴァイレルド、ヤン・フェルトンゲン（28）、ダニー・ローズ（25）、エリック・ダイアー（21）、ムサ・デンベレ（28）、エリク・ラメラ（23）、デレ・アリ、クリスティアン・エリクセン（23）、ハリー・ケイン（22）の4-2-3-1でした。カッチカチに堅いですね。

8月こそ1敗3分の未勝利でしたが、9月は全勝。その後も調子を維持すると、1月から2月にかけて怒涛《どとう》の6連勝で2位に浮上します。ケインも9節までは1点しか決められず、「やっぱり一発屋だった」という雰囲気でしたが、続く4試合で計7点を決め、最終的には25ゴールで得点王に輝きました。

デレ・アリも3部からやってきて初年度で10ゴール9アシストと十分すぎる活躍で、PFA年間最優秀若手選手賞を受賞しました。特に23節クリスタル・パレス戦のゴールは今でもSNSで目にします。エリクセンのパスを空中でフリックして、一回転で相手をかわしてダイレクトボレーですからね。

そして2位に浮上し、レスターと優勝争いを展開したスパーズですが、36節にアウェイでチェルシーと対戦します。有名な試合ですよね。トッテナムだけでイエローカードが9枚も出ています。ポチェッティーノ期のスパーズはもともと肉弾戦なプレースタイルでしたが、この試合は勝たないとレスターの優勝が決定するということもあり、暴走しました。試合は83分にエデン・アザール（25）に同点弾を決められ、引き分けに終わりました。

これが効いたのか、スパーズは心折れたかのように2連敗で、まさかの3位フィニッシュ。ポチェッティーノ2年目にして優勝争いというのはポジティブで間違いないのでしょうが、スパーズファンからすると忘れ去りたいシーズンかもしれませんね。

伊藤の一言

このシーズンのスパーズはベストに近いメンバーで、ローズ&ウォーカーのSBコンビが本当にすごかったですね。ベルギー代表とアヤックスで共演経験のあったフェルトンゲン&アルデルヴァイレルドのCBコンビも再会しましたし、何よりも2012年からいたデンベレが本領を発揮したことでチームの流れが変わりました。

「ペジェグリーニ体制の限界」
4位　マンチェスター・シティ　監督：マヌエル・ペジェグリーニ

このシーズン、ケヴィン・デ・ブライネ（24）を7600万ユーロで、ラヒーム・スターリング（20）を6370万ユーロで、そしてニコラス・オタメンディ（27）を4450万ユーロで獲得するなど大盤振る舞いで、最終的に2億ユーロ以上も市場に投下した夏でした。ファビアン・デルフ（25）もこのシーズンに加入していますね。

シーズン序盤は開幕5連勝でスタートダッシュに成功し、プレミアリーグ優勝の可能性を感じさせるスタートとなりましたが、6節、7節ではウェストハムとトッテナムに連敗。一方、8節のニューカッスル戦ではセルヒオ・アグエロ（27）が20分で5ゴールと大爆発し、6－1で勝利。爆発力はあるものの、不安定さを露呈します。

理由は様々ですが、一つは全盛期から比べるとヤヤ・トゥーレ（32）の衰えも見え始めたからかもしれません。攻撃面での存在感は大きいものの、守備面でチームの負担になることも多かったですからね。ペジエグリーニのサッカーも変化に乏しく、限界を迎えているように見えました。結果、序盤こそ首位に立ちましたが、徐々に調子を落として最終的に4位フィニッシュ。ただアグエロはリーグ戦で24ゴールを記録して、得点ランキング2位。また初年度のデ・ブライネは7ゴール9アシスト。トゥーレと入れ替わるように、1年目の選手としては十分な結果を残します。ただその後の彼の活躍を思うと、この年はやや地味だったかもしれません。

なおＥＦＬカップでは決勝でリヴァプールと対戦。ＰＫ戦にまでもつれた結果、最終的には勝利を収めて無冠を回避することに成功しました。ＣＬでは、クリスティアーノ・ロナウド（30）、カリム・ベンゼマ（27）、ギャレス・ベイル（26）らを擁するレアル・マドリードと準決勝で対決し、2戦合計0－1で敗戦を喫しています。

「FAカップ優勝も守備のためのポゼッションは実らず」

5位　マンチェスター・ユナイテッド　監督：ルイ・ファン・ハール

ファン・ハール期は2シーズンともに大金をかけており、1年目も当たり外れが多かったですが、2年目のほうが失敗だった印象です。まず夏にアントニー・マルシャル（19）が6000万ユーロで加入。1シーズン目は仕掛けてよし、パス出してよし、シュートもよしと、10代だったものの「ワールドクラスのストライカーが来た」と多くの人が期待しました。ウイングながらリーグ戦11ゴールを記録。当時は今より線が細い分スピードもあって、突破力は目を見張るものがありました。ただ長期的に見ると活躍したシーズンは少なかったです。

他にはモルガン・シュナイデルラン（25）、メンフィス・デパイ（21）、マッテオ・ダルミアン（25）、バスティアン・シュバインシュタイガー（31）など、それなりに有名な選手たちを合計1億5600万ユーロもかけて獲得しましたが、ほとんどの選手が失敗補強だったと言えるでしょう。この年、唯一の成功は第二GKとしてセルヒオ・ロメロ（28）をフリーで獲得したことくらいでしょうか。

ただ新戦力という意味では、アカデミーからマーカス・ラッシュフォード（18）が上がってきて鮮烈デビュー、とポジティブなニュースもありました。2016年2月ELのラウンド32ミッティラン戦で、ウェイン・ルーニー（30）やマルシャルらトップチームのFWが相次いで負傷離脱したことから急遽スタメンに抜擢されると、フル出場して2ゴールを記録。さらに、3日後のアーセナル戦でもスタメンでプレーすると、2ゴール1アシスト、全ゴールに関与して3-2での勝利に貢献しました。僕としては苦い思い出ですが、その分、大きなインパクトのあるプレミアデビューでしたね。

チームの結果で言うと、リーグ戦年間49点しか取れていないことからも、ファン・ハールは「守備のためのポゼッション」と揶揄され、見るには退屈なポゼッションサッカーを展開しました。その分失点数は減り、ホームでは9失点しかしていません。とはいえ得点力のなさが響き、CLではグループステージで敗退してELにまわり、リーグ戦でも5位という結果に終わりました。

せめてもの救いはFAカップ優勝でしょうか。最終的に延長戦にまでもつれ込み、ジェシー・リンガード（22）のゴールで2-1で逆転勝利を収めています。ただFAカップ優勝の2日後には、ファン・ハール監督の解任が決まったことからも、満足できるシーズンではなかったことは明らか。マルシャル、ラッシュフォード、リンガードら若手が台頭してきた一方で、このシーズンの夏にハビエル・エルナンデス（27）が退団しています。スーパーサブで得点を量産する代え難いストライカーでしたね。

「フィルミーノ加入とクロップ就任」
8位　リヴァプール　監督：ブレンダン・ロジャーズ／ユルゲン・クロップ

このシーズンは、主力選手だったラヒーム・スターリング（20）を6370万ユーロで売却し、昨季と同じく大型補強を敢行しました。クリスティアン・ベンテケ（24）を4650万ユーロで、ロベルト・フィルミーノ（23）を4100万ユーロの高額な移籍金で獲得。その他にもナサニエル・クライン（24）、ダニー・イングス（22）、ジョー・ゴメス（18）などを補強しました。ただベンテケは9ゴールこそ決めましたが、目立った活躍はできなかった印象がありますね。一方でフィルミーノは10ゴール7アシストと結果を残します。このシーズンは同じくFWのディボック・オリギ（20）の活躍が印象的でした。

リーグ戦では前季に引き続き成績が振るわず、ブレンダン・ロジャーズ監督（42）を解任。そして、10月8日にユルゲン・クロップ監督（48）が就任します。前季惜しまれながら退団したジェラードは、「クロップの指導を受けることができなかったことが心残りだ」と発言していたそうです。二人が一緒に戦っていた世界線も見てみたかったですね。

ＥＬでは、マンチェスター・ユナイテッドに勝利し、順調に勝ち上がります。準々決勝では、クロップの古巣ドルトムントとの試合もありました。好ゲームを制して準決勝に進出したときは、「これは優勝フラグか!?」と思いましたよ。ただ、その後セビージャに敗戦し準優勝となりました。ＥＦＬカップでも決勝で惜しくもマンチェスター・シティにＰＫ戦で敗戦し、クロップの初年度はＥＬの準優勝とＥＦＬカップの準優勝。惜しくもタイトルには一歩届かないシーズンとなりました。

「3年目モウリーニョのジンクス。チーム崩壊、エース絶不調」

10位　チェルシー　監督：ジョゼ・モウリーニョ／フース・ヒディング

前年度優勝からの10位転落。このジェットコースター感はチェルシーにしかないものではないでしょうか。開幕12試合で7敗。開幕節のスウォンジー戦で美人女性医師として有名だったエヴァ・カルネイロを理不尽に批判して裁判沙汰になるなど、序盤からモウリーニョの様子がどこかおかしかった記憶があります。ふたを開けてみるとやはり選手との確執もあり、チームは崩壊していたようですね。16節のレスター戦を最後に解任されています。

このシーズンはペドロ（28）を除き、補強もうまくいっていませんでしたが、とはいえ『Transfermarkt』が算出するスカッドの市場価値はリーグトップでしたし、前年に驚異的な補強をしていたことを考えると言い訳にはなりません。いる選手でなんとかするべきだったでしょう。

ただ一点だけモウリーニョに同情的な話をするなら、エースであるエデン・アザール（24）の不調です。前年度イングランド・フットボール記者協会の最優秀選手に選ばれた男は、このシーズンなんと34節まで無得点。細かいケガはあったものの、リーグ戦に年間2192分も出場した上でこの結果なので、その不調さたるや。レアル・マドリードに移籍後の絶不調アザールを知っている今からすると、「そういうシーズンもあったのか」と感じるかもしれませんが、当時としてはショックが大きかったですね。モウリーニョ退任後、フース・ヒディング（68）が暫定監督に就任。かつて08-09シーズン途中に暫定監督としてチェルシーを立て直した実績がある名将ですが、そんなヒディングでも大きくチームを改善することはできませんでした。

〈2015-2016シーズン順位表〉

順位	クラブ	試合	勝	分	敗	得点	失点	差	勝点
1	レスター・シティ	38	23	12	3	68	36	32	81
2	アーセナル	38	20	11	7	65	36	29	71
3	トッテナム・ホットスパー	38	19	13	6	69	35	34	70
4	マンチェスター・シティ	38	19	9	10	71	41	30	66
5	マンチェスター・ユナイテッド	38	19	9	10	49	35	14	66
6	サウサンプトン	38	18	9	11	59	41	18	63
7	ウェストハム・ユナイテッド	38	16	14	8	65	51	14	62
8	リヴァプール	38	16	12	10	63	50	13	60
9	ストーク・シティ	38	14	9	15	41	55	-14	51
10	チェルシー	38	12	14	12	59	53	6	50
11	エヴァートン	38	11	14	13	59	55	4	47
12	スウォンジー・シティ	38	12	11	15	42	52	-10	47
13	ワトフォード	38	12	9	17	40	50	-10	45
14	ウェスト・ブロムウィッチ・アルビオン	38	10	13	15	34	48	-14	43
15	クリスタル・パレス	38	11	9	18	39	51	-12	42
16	ボーンマス	38	11	9	18	45	67	-22	42
17	サンダーランド	38	9	12	17	48	62	-14	39
18	ニューカッスル・ユナイテッド	38	9	10	19	44	65	-21	37
19	ノリッジ・シティ	38	9	7	22	39	67	-28	34
20	アストン・ヴィラ	38	3	8	27	27	76	-49	17

（参照：FLASHSCORE）

プレチャンの
アディショナル
タイム
2

「アーセナルとともにプレチャンが激しく躍動した年」

個人的に忘れられない年があります。それは2020-21シーズン、アーセナルが当時まだ“激動の時代”ともいえる時期を過ごしていたときです。

特に印象的だったのが、21年冬、アウェイのウォルバーハンプトン戦です。この試合のアーセナルは、ニコラス・ペペのゴールで先制点を奪うものの、前半の45＋3分にダビド・ルイスがボックス内でファウルをおかして一発レッド。そのPKを決められて同点にされると、後半49分にジョアン・モウチーニョに鮮やかなミドルシュートを決められて、逆転されます。なんとか追いつきたいアーセナルでしたが、その後、ベルント・レノがボックス外のハンドで退場になって、万事休す。

1-2逆転負け、2人退場、この時点でもレアなのですが、モウチーニョはミドルを決めるタイプではなく、このシーズンのリーグの得点はこの1点のみ。ただその唯一のゴールがなぜかアーセナル相手に決まっちゃうんですよ……。

ビッグマッチでもないのに、YouTubeライブの同時接続者数がすごく伸びて、配信も盛り上がりましたね。この時期のアーセナルはこういう試合が多くて、正直、面白かったです。

3章

プレミアリーグ全盛期

（2016–2024）

16/17シーズン雑談配信 ※映像なし

11万回視聴　8年前　999　共有

上位のチャットのリプレイ

りょー　1番人気はシティ！　昨季4位でしたがやはりペップがやってくることへの期待感でしょう

伊藤　あのペップだぜ？　まあそりゃ期待しますよ！
2番人気はモウリーニョが来たユナイテッドですね

りょー　この二人の対決がプレミアで再現されるなんてね

伊藤　3番人気はチェルシーですか！　昨季はまさかの10位フィニッシュで、一時は降格圏にすらいましたが

りょー　ただ、コンテです！

伊藤　ユヴェントスを立て直した男の手腕に期待ですね

りょー　4番人気アーセナル、5番人気リヴァプール

伊藤　リヴァプールはクロップ初のフルシーズンに期待です

「コンテサッカー大爆発、プレミアに3バックを流行らせる」

1位　チェルシー

監督：アントニオ・コンテ

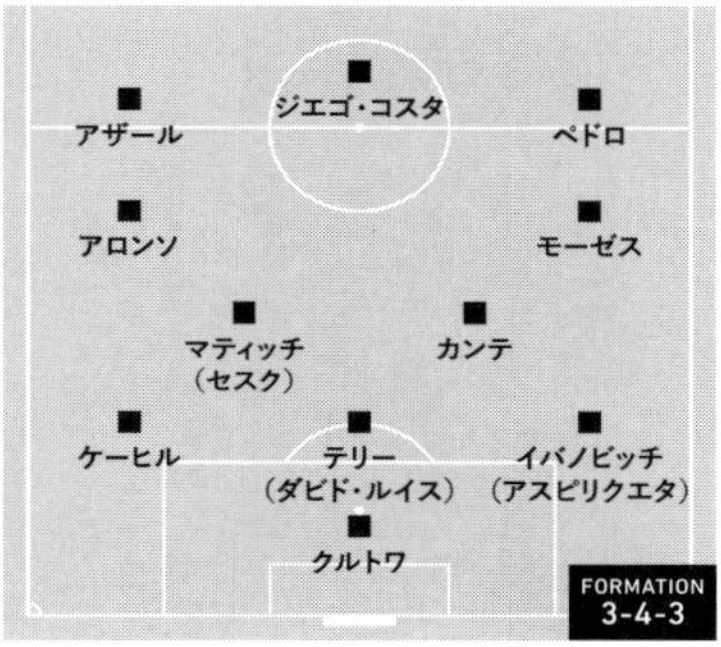

このシーズン、アントニオ・コンテ（47）が到来し、近年のチェルシーで最も強いシーズンだったと言えるでしょう。移籍市場ではミシー・バチュアイ（22）こそ3900万ユーロと高くつきましたが、それ以外はエンゴロ・カンテ（25）を3580万ユーロ、ダビド・ルイス（29）を3500万ユーロ、マルコス・アロンソ（25）を2300万ユーロで獲得。いずれも長く主力として活躍しましたが、特にカンテの加入はチェルシーの守備事情を一変させる素晴らしいインパクトがありました。

そんなシーズン当初、イタリア人監督は慣れ親しんだ4バックで臨みましたが、開幕6節で3勝1分2敗とやや奮わず5位という状況に。しかし敗北を喫した6節のアーセナル戦の後半で状況は一変します。この試合、チェルシーは前半で3失点すると、後半から3バックに変更。そして試合を圧倒し始めます。この試合自体はスコアは変わらず0‐3で敗戦したものの、7節以降、驚異の13連勝を記録。

3バックはウイングバックがDFラインに入って実質的には5バックになるため、後ろに多く人数を割けます。その上で、ネマニャ・マティッチ（28）とカンテというリーグ屈指の守備的MFを並べた守備ブロックは鉄壁でした。しかもビルドアップが整理されていたので擬似カウンターも成立していた上に、ロングボールを起点としたショートカウンターも強烈。具体的には、低い位置から前線のスペイン代表FWジエゴ・コスタ（27）にロングフィードを送って大半を競り勝ち、こぼれ球をマティッチ&カンテコンビがことごとく回収してエデン・アザール（25）に託して速攻に繋げたのです。結果、このシーズンにコスタは20ゴール7アシストを記録、アザールも16ゴール5アシストと活躍しました。

こうして攻守に圧倒的な強さを見せたコンテチェルシーは、勝ち点93を獲得して余裕の優勝を成し遂げました。このシーズンにチェルシーは欧州カップ戦に出場しておらず、イタリア人指揮官が苦手とするターンオーバーをする必要がなかったことも圧倒的な優勝に繋がったと思います。コンテサッカーはプレミアリーグに大きな影響を及ぼし、4月中旬に、英メディア『スカイスポーツ』が実施した調査によると、16–17シーズンに3バックを採用したチームは、前年度に比べて10チームから17チームに増加。さらに用いた回数にいたっては34回から112回と3倍以上に増加しました。

伊藤の一言

2012年に獲得したものの、長らく戦力外になっていたスピード系ウインガーのビクター・モーゼス(25)を、コンテはWBとしてプレーさせて覚醒させました。2010年代の前半まで大外に張るウイングがまだ認められていたものの、この頃から内側に絞ってプレーすることが増え、縦への推進力がある香車型ウイングはこぞってWBやSBにポジションを移していきましたね。

「DESK爆発、ホワイト・ハート・レーン要塞化」

2位　トッテナム・ホットスパー　監督：マウリシオ・ポチェッティーノ

このシーズンはEURO2016で活躍したフランス代表MFムサ・シソコ(26)や、指揮官のサウサンプトン時代の教え子であるケニア代表MFヴィクター・ワニャマ(25)らをチームに加え、優勝争いに敗れた前季を糧に再発進を図ったシーズンでした。前年夏加入も苦しい1年を過ごし、退団まで検討していたというソン・フンミン（24）がプレミアリーグで結果を残し始めたシーズンでもあります。ただ移籍市場での動きは大成功というわけではなく、フィンチェント・ヤンセン（22）を2200万ユーロと高額で獲得したものの、大失敗に終わります。前季のオランダリーグ得点王ヤンセンは27試合に出場するも2ゴールしか決めれず。その後もほとんど活躍できないまま、3年後に退団することになります。スパーズファンの中にはオランダ出身のストライカーがトラウマになっている方もいるのではないでしょうか。

しかし、悪い話ばかりではありません。既存戦力が大爆発したシーズンでもあります。ハリー・ケイン（23）、デレ・アリ（20）、クリスティアン・エリクセン（24）と先述の韓国代表FWの4人は、「DESK」の愛称でファンに親しまれ、全員がそれぞれ20ゴール以上に絡む素晴らしい活躍を見せました。特にケインは30試合29ゴール7アシストと恐ろしいスタッツで2季連続の得点王に。リーグ戦だけで4回もハットトリックを達成しており、なかでも5月にはレスター・シティ相手に4得点。続く最終節ハル・シティ戦でも3度ネットを揺らして、2戦連続ハットトリックを記録しました。

また、このシーズンはホワイト・ハート・レーンでの最後のシーズンで、1899

年から使用したスタジアムとの別れに相応しいホームゲーム無敗を達成。ホーム最終戦となったマンチェスター・ユナイテッド戦の勝利後に、ピッチになだれ込むサポーターの上を虹が彩ったシーンが印象に残っているファンも多いのではないでしょうか。シーズンを通して86得点26失点と、どちらもリーグベストの数字で勝ち点86を積み上げましたが、この年絶好調だったチェルシーには一歩届かず。前年度に引き続きトロフィーを掲げることは叶いませんでした。スパーズファンにとっては同じロンドンのライバルに優勝を許したのは悔しかったでしょうが、宿敵アーセナルより上の順位でシーズンを終えたのは22年ぶりとのことで、近年のベストシーズンの一つと言えるでしょう。

「ペップによる黄金期の到来」
3位　マンチェスター・シティ　監督：ジョゼップ・グアルディオラ

ジョゼップ・グアルディオラ（45）が来たシーズンですね。バルセロナ、そしてバイエルン・ミュンヘンで成功を収めた名将の到来に多くのファンは期待しつつも、一方でこの頃のイングランドは未だに縦に速いサッカーが主流だったこともあり、ペップのサッカーがイングランドの地で成功するのか懐疑的な声もありました。

そんな中、この夏、ジョン・ストーンズ（22）、レロイ・サネ（20）、イルカイ・ギュンドアン（25）、クラウディオ・ブラボ（33）、ノリート（29）、オレクサンドル・ジンチェンコ（19）を、冬にはガブリエウ・ジェズス（19）など実力者を大量補強して、一夏で2億1625万ユーロも補強費に費やしています。この新戦力たちの大半はその後長く活躍しましたが、このシーズンではペップサッカーへの適応やプレミアリーグへの適応に苦しんだ選手が多かったです。

例えばチリ代表GKブラボはバルセロナから来た選手ということもあり、足元の技術に優れ、シティのビルドアップに幅をもたらしました。ただプレミアリーグのフィジカルコンタクトに苦しみ、空中戦で弱さを露呈。最終的には自信も失ってしまったのか、21節のエヴァートン戦では枠内被シュート4本で4失点という、最悪のパフォーマンスを披露しています。その結果、その後はウィリー・カバジェロ（34）にスタメンの座を奪われてしまいます。

またシティでのキャリア晩年は目覚ましい活躍をしたイルカイ・ギュンドアンも、初年度は負傷に苦しみリーグ戦で10試合しか出場していませんし、その後もペップサッカーへの適応に苦しんでいました。本格的に主力として定着したのは、2年後の18-

19シーズンあたりからでしょうか。新戦力以外にも、既存のメンバー、特に最終ラインのメンバーは細かく繋ぐパスサッカーに苦しんだ印象です。ペップ的には使いたいCBがいなかったからか、開幕戦ではストーンズの相方に攻撃的なSBアレクサンダル・コラロフ（30）を抜擢したほど。セルビア代表DFは典型的なクロッサー型の選手で、そのタイプをCBとして使うパターンは当時前例が少なく、衝撃だったことを覚えています。

ただし、ペップサッカーへの適応に苦しんだ選手ばかりではありません。例えばこの頃のセルヒオ・アグエロ（28）は得点以外の局面での貢献が少ないタイプで、偽9番的なパスワークに絡むプレーができるか不安視されていましたが、ふたを開けると難なくフィット。このシーズン31試合に出場して20ゴールを記録しています。またバルセロナ時代にペップとの関係性が悪いとされていたヤヤ・トゥーレ（33）は、シーズン序盤こそ明らかに干されていましたが、12節のクリスタル・パレス戦でこのシーズンのリーグ戦に初出場すると、いきなり2ゴールを決めて存在感をアピール。最終的にはシーズン終了まで、中盤のスタメンとして活躍しています。

全体的に見ると、やはり変化が大きく苦しんだシーズンだったことには変わりありません。このシーズンはペップ政権で唯一、無冠で幕を閉じています。

4位　リヴァプール

監督：ユルゲン・クロップ

「覚醒前夜」

ユルゲン・クロップ監督（49）がシーズンを通して指揮を執る初めてのシーズンですね。やっぱりこの年のリヴァプールの印象は覚醒前夜という感じです。補強の面で言うと、セネガル代表FWサディオ・マネ（24）やオランダ代表MFジョルジニオ・ワイナルドゥム（25）、元カメルーン代表DFジョエル・マティプ（24）など、後のリヴァプールの顔となる選手たちが加入しました。このシーズンは、ロベルト・フィルミーノ（24）を純粋なセンターフォワードのポジションで使い始めた年でもあり、クロップ政権の基盤を作り上げました。

期待を胸に挑んだエミレーツ・スタジアムでのアーセナルとの開幕戦は、4－3と激しい打ち合いを制し、今後のチームスタイルを予感させるかのようなハイカロリーな一戦となりましたね。このシーズン13ゴール7アシストを記録して大活躍するブラジル代表MFフィリペ・コウチーニョ（24）も2得点を決めています。チームの顔としてリヴァプールの攻撃を牽引し、コウチーニョのベストシーズンでした。「チームコウチーニョ」と言ってもいいぐらいの活躍でしたね。

ただ失点が42と少し多かったです。前からプレスに行ってはがされるようなシーンも散見されました。中盤の選手の負担も大きかったでしょう。10節のクリスタル・パレス戦では4-2で勝利、14節のボーンマス戦では3-4で敗戦など、打ち合いになる試合が多かったです。クロップ政権初のタイトルの可能性があったEFLカップは、準決勝でサウサンプトンに敗れて敗退。まだ戦い方に不安定さがあり、ドイツ人指揮官のチームは完成していませんでした。

このシーズンは、DFラインにアルベルト・モレノ（24）、ラグナル・クラバン（30）、デヤン・ロブレン（27）、ナサニエル・クライン（25）、そして中盤ではドイツ代表MFエムレ・ジャン（22）など懐かしいメンバーも活躍しました。そしてイングランド代表DFトレント・アレクサンダー＝アーノルド（17）がリヴァプールU-18での活躍が認められてプレミアリーグデビューしたシーズンでもあります。振り返ると、一時代を築いたクロップ政権の基盤を作った大切なシーズンでした。

「前半戦好調も後半失速でCL権逃す」

5位　アーセナル　監督：アーセン・ベンゲル

まず補強から見ていくと、グラニト・ジャカ（23）、シュコドラン・ムスタフィ（24）、ルーカス・ペレス（27）、ロブ・ホールディング（20）、浅野拓磨《あさのたくま》（21）を新たに獲得しました。夏だけで1億1130万ユーロも使っています。

放出に目を向けると、ミケル・アルテタ（34）が現役を引退し、トマーシュ・ロシツキー（35）やセルジュ・ニャブリ（21）が退団。周知のとおり、ニャブリはこのあとブンデスリーガで一気にワールドクラスの選手になりましたね。

このシーズン、前半戦のアーセナルは本当に強かったんですよ。開幕のリヴァプール戦こそ落としましたが、その後は14試合無敗。順位も一時2位まで上がりました。ところが2月以降は敗戦が増え、最終的に5位で終えました。理由はいろいろありますが、大きかったのは攻撃の中心だったサンティ・カソルラ（31）が12月以降、ケガで試合に出られなかったことですね。そこからズルズルと調子を落としていきました。

そしてCLもラウンド16で衝撃的な大敗を喫します。多くのアーセナルファンの記憶に残っているバイエルン・ミュンヘンとの2戦合計〝2－10〟ですね。第2戦は20

分にセオ・ウォルコット（27）が反撃の狼煙《のろし》となる先制点をあげましたが、ローラン・コシールニー（30）が53分に退場したこともあり、結果的に失点を重ねて敗れました。

ただ、FAカップでは決勝でチェルシーを2-1で下し、2大会ぶりの優勝を飾りました。この試合、コシールニーが出場停止で出られず。ペア・メルテザッカー（31）が急きょ出場することになりました。しかも、そのシーズンまったく試合に出ていなかったホールディングと、本職SBのナチョ・モンレアル（30）を含めたまさかの3バックで臨みましたからね。アーセン・ベンゲル監督（67）はこのあたりから3バックに手を出し始めて、「とうとう4バックをやめた」と話題になりました。

「圧倒的な堅守でカップダブルするも、リーグ戦は苦戦」

6位　マンチェスター・ユナイテッド　監督：ジョゼ・モウリーニョ

新時代に突入したプレミアリーグにおいて、マンチェスター・ユナイテッドもジョゼ・モウリーニョ監督（53）と共に新しい航海に臨むのですが、準備段階で大きくこけます。この年もファン・ハール期と同様に1億8500万ユーロという大金をかけて、ポール・ポグバ（23）、ヘンリク・ムヒタリアン（27）、エリック・バイリー（22）らを獲得。それぞれ個性的な選手ですが、全員ムラっ気が多く、一人も継続的な活躍はできませんでした。特にポグバに関しては、アカデミーからフリーで出ていき、ユヴェントスから1億ユーロという大金で戻ってきたいわくつきの加入です。にもかかわらず初年度は30試合に出場して5ゴール4アシストと結果は物足りないものです。

唯一、この夏の補強で成功と言えるのは、ズラタン・イブラヒモビッチ（34）でしょうか。給与こそ高額になったものの、フリーで加入したスウェーデン代表FWは、リーグ戦で17ゴール5アシストを記録するなど、わかりやすく数字で結果を残します。さらに、「私は誇り高きライオンだ」などとイブラ節でメディアを騒がせ、話題に事欠かない選手でした。

それでもさすがモウリーニョと言うべきか。右からアントニオ・バレンシア（30）、バイリー、マルコス・ロホ（26）、ダレイ・ブリント（26）の4バックで堅守のチームを作り上げます。特にバイリーはこのシーズンだけ絶好調で、圧倒的なスピードを生かして広範囲をカバーしつつ、対人戦でも強さを見せました。なおこの後の5シーズンはケガが多すぎたため、平均してリーグ戦9試合しか出場しておらず、ほとんどフル稼働できなかったので、最初で最後の輝きだったと言えるでしょう。いずれにしてもこのシーズンのモウリーニョの守備ブロックは非常に堅く、主にカップ戦で強さを見せて、ＥＬとＥＦＬカップのカップダブルを達成しました。

一方のリーグ戦でも守備の堅さは変わらずで、10節から35節までおよそ半年間無敗記録を達成しています。ただイブラヒモビッチがいてもなお得点力不足に悩まされ、リーグ戦ではわずか54得点、上から数えて８番目の得点力という結果になりました。その結果、このシーズンのプレミアでは15試合も引き分けの試合を作ってしまい、順位としては６位という結果に終わりました。ＥＬに優勝したのでＣＬ出場権こそ獲得しましたが、満足できる内容ではなかったです。

得点力が低かった原因の一つはもちろんモウリーニョの極端な守備戦術ですが、ウェイン・ルーニー（30）の衰えも忘れてはなりません。

ゲームメイクから得点まで、ユナイテッドの攻撃を長らく支えたイングランド代表ＭＦの能力低下が否めず、彼のところで攻撃がストップする機会が増えてしまいました。その結果、10年以上も継続的な活躍を続けたイングランド人は、このシーズンに退団が決まっています。レジェンドの終わり方としては悲しい結果に終わりましたが、唯一の救いはクラブのレジェンドであるボビー・チャールトンが持つユナイテッドでの得点記録２４９ゴールを超えて、最終的に２５３ゴールまで得点数を伸ばしてクラブを去ったことでしょうか。当然ながらこの記録はいまだに破られていません。

〈2016–2017シーズン順位表〉

順位	クラブ	試合	勝	分	敗	得点	失点	差	勝点
1	チェルシー	38	30	3	5	85	33	52	93
2	トッテナム・ホットスパー	38	26	8	4	86	26	60	86
3	マンチェスター・シティ	38	23	9	6	80	39	41	78
4	リヴァプール	38	22	10	6	78	42	36	76
5	アーセナル	38	23	6	9	77	44	33	75
6	マンチェスター・ユナイテッド	38	18	15	5	54	29	25	69
7	エヴァートン	38	17	10	11	62	44	18	61
8	サウサンプトン	38	12	10	16	41	48	-7	46
9	ボーンマス	38	12	10	16	55	67	-12	46
10	ウェスト・ブロムウィッチ・アルビオン	38	12	9	17	43	51	-8	45
11	ウェストハム・ユナイテッド	38	12	9	17	47	64	-17	45
12	レスター・シティ	38	12	8	18	48	63	-15	44
13	ストーク・シティ	38	11	11	16	41	56	-15	44
14	クリスタル・パレス	38	12	5	21	50	63	-13	41
15	スウォンジー・シティ	38	12	5	21	45	70	-25	41
16	バーンリー	38	11	7	20	39	55	-16	40
17	ワトフォード	38	11	7	20	40	68	-28	40
18	ハル・シティ	38	9	7	22	37	80	-43	34
19	ミドルズブラ	38	5	13	20	27	53	-26	28
20	サンダーランド	38	6	6	26	29	69	-40	24

（参照：FLASHSCORE）

17/18シーズン雑談配信 ※映像なし

12万回視聴　7年前　999　共有

上位のチャットのリプレイ

りょー　ペップ1年目、タイトル獲れなかったですがやはりシティが1番人気ですね

伊藤　バックスを補強しまくって、正直期待感しかないです

りょー　2番人気のユナイテッドはモウリーニョ2年目とルカク獲得で順当でしょうか！　まさかルカクが来るとは

伊藤　3番人気のチェルシーは守備が堅いのが魅力

りょー　4番人気はトッテナム！　今季からウェンブリーを使うということと、若い力の台頭がすごい！

伊藤　5番人気リヴァプール、6番人気アーセナル

りょー　アーセナルはついにCL出場権を逃してしまう……まあグーナー的にはFA獲ったクラブこそ最強だと思うけど(笑)

「前人未到の勝ち点100」

1位　マンチェスター・シティ

監督：ジョゼップ・グアルディオラ

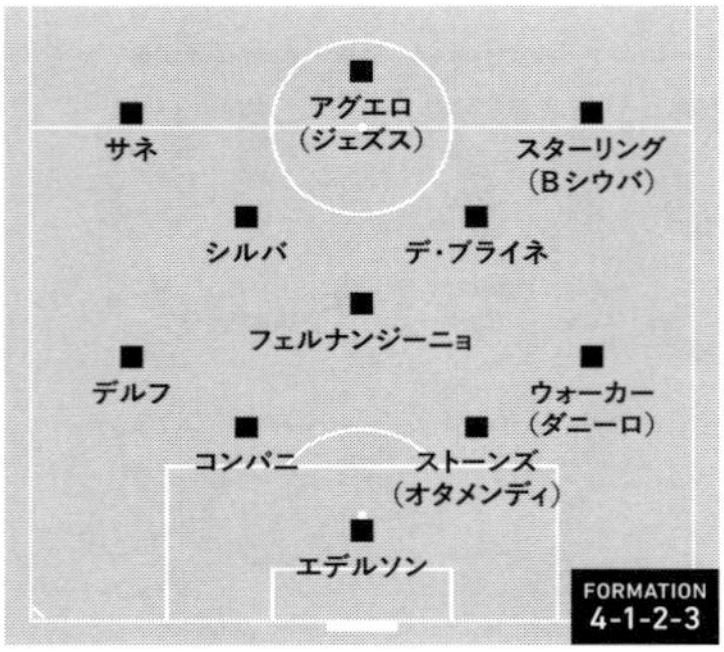

就任1年目の前シーズンは無冠となった名将ジョゼップ・グアルディオラ監督（46）でしたが、Amazonのドキュメンタリー『All or Nothing』が密着したこの年は圧巻の強さを見せました。このシーズンのマンチェスター・シティは移籍市場で総額3億1750万ユーロの移籍金を支払い、チームの核となる選手を数多く迎え入れます。夏の移籍市場でバンジャマン・メンディ（23）、カイル・ウォーカー（27）、ベルナルド・シウバ（22）、エデルソン・モラエス（23）、ダニーロ（26）らを、さらに冬の移籍市場では当時のクラブ史上最高額とも言われる6500万ユーロでエメリック・ラポルト（23）を獲得しました。いずれもグアルディ

オラのポゼッションスタイルのサッカーに適している選手らで、良い補強でした。放出面では確執があった選手をうまく売却し、素晴らしいスタートダッシュを切ることに成功。また、このシーズンには現在のシティの中心選手でありアカデミー育ちのフィル・フォーデン（17）がデビューしました。

このシーズンを形容するならば、「独走」です。3節から脅威の18連勝を達成し、リーグ連勝記録を塗り替えました。当時のシティは「プレミアリーグ史上最高」と言える完成度でした。中盤のフェルナンジーニョ（32）、ダビド・シルバ（31）、ケヴィン・デ・ブライネ（26）の3人はシティの中でも至高の中盤に違いないでしょう。デ・ブライネとダビド・シルバの共演にはロマンがありました。改めてダビド・シルバの良かった試合を思い出そうとしたのですが、常に良いパフォーマンスを披露していたため、逆に記憶に残っていないくらいです。

この年で特筆すべきは、やはり豪華な攻撃陣によって生まれた得点力です。デ・ブライネからの鋭いパスを幾度となくゴールに沈めたラヒーム・スターリング（22）とレロイ・サネ（21）の強力な両ウイング。そしてシーズンを通してゴールを量産し、互いにポジションを奪い合ったガブリエウ・ジェズス（20）とセルヒオ・アグエロ（29）のダブルストライカーの存在です。アグエロのニア上シュートを何度見たことか。

さらに、ＧＫエデルソンの加入により、後方からのビルドアップの質が大幅に向上しました。このメンバーが今でも最強なんじゃないですかね。

印象的なシーンの一つに、デ・ブライネの「Let me talk!（審判と話させてくれ！）」があります。判定に不満を持ったデ・ブライネがチームメイトに向かってした発言で、フェルナンジーニョやダビド・シルバに止められていました。クールな彼が激昂《げっこう》した姿に驚いたサポーターも多いのではないでしょうか。いずれにせよ、この年多くのチャンスメイクとゴールを演出したデ・ブライネは特別な選手でした。

伊藤の一言

この年からリヴァプールとシティのライバル関係が加速していきましたね。やっぱどんだけ強くやってもリヴァプールに勝てねえっていう。実際、ＣＬではリヴァプールに敗れてしまいました。ただリーグ戦ではこれまでの強さを維持し、4月のスウォンジー戦（5–0）ではプレミアリーグ史上初となる1試合で１０００本のパス本数を記録しました。その後も勝ち点を積み重ねていったシティは、5試合を残して当時のプレミアリーグ最速優勝（タイ記録）を達成。まさしく「独走」という言葉がピッタリなシーズンでしたね。

「リーグ戦大差の2位、そして無冠」

2位　マンチェスター・ユナイテッド　監督：ジョゼ・モウリーニョ

前季の攻撃力不足、さらにズラタン・イブラヒモビッチ（35）が年内の負傷離脱が決まっていることもあり、エヴァートンから８４７０万ユーロでフィジカルモンスターとして有名なロメル・ルカク（24）を獲得。前年イギリス北西部のクラブで37試合25得点を記録するなど、ワールドクラスに近い活躍を見せていました。この即戦力の獲得に喜んだユナイテッドファンも多かったのではないでしょうか。チェルシーとの入札競争で競り勝っての獲得だったことも、喜びを倍増させたはずです。

他にもネマニャ・マティッチ（29）やヴィクトル・リンデロフ（23）ら実力派の守備的な選手を獲得して、この夏も１億６４００万ユーロも使うなど、補強を惜しまないシーズン開幕前となりました。

ベルギー代表ＦＷはわずか２年で戦力外となったものの、売却時に７４００万ユーロと高く売れたことを考えると、そこまで悪い買い物ではなかったのではないでしょうか。またマティッチやリンデロフは、スタメン級の活躍を見せた時期は短いですが、長く準レギュラーとして活躍したことから、夏の補強は直近数年の中では成功した部類に入ります。

またモウリーニョ戦術が成熟してきたこともあり、リーグ戦ではコンスタントに勝ち点を積み重ねていきます。特に序盤戦は7戦6勝1分という好成績で、優勝を予感させる結果でした。

既存戦力の中では、ジェシー・リンガード（24）がユナイテッドのキャリアの中で最も輝いたシーズンでした。ファン・ハール政権2年目からコンスタントに出場機会を得始めたイングランド代表MFは、ライン間で引き取ってシンプルにさばきボックス内に飛び込んでいくスタイルで、8ゴール5アシストを記録。その後も準レギュラーとして活躍しますが、ユナイテッド在籍中のリーグ戦で二桁得点に関与したのはこのシーズンだけでした。

このようにいくつかポジティブな要素はあったものの、シティが勝ち点100を獲得したシーズンということもあって、早々に優勝戦線から離脱。81ポイント積み重ねての2位ですが、首位とは19ポイントも離されてしまいました。しかもCLはセビージャにラウンド16で敗れ、EFLカップは2部のブリストル・シティに敗戦。FAカップこそ決勝に進出しましたが、チェルシーに敗れて無冠となってしまいました。3年目で解任されることが多いモウリーニョが、実質ラストイヤーの2年目に無冠だった事実はユナイテッドファンに重くのしかかったはずです。

余談ですが、ユナイテッドといえばブライトンを苦手としていて、22-23シーズンにダブルをくらったこともあります。そんなブライトンへの苦手意識はこの頃から始まっていたのか、37節のブライトン戦では0-1で敗れています。しかも、このカードで最多7ゴールを決めているユナイテッドキラーのパスカル・グロス（26）のゴールで。

伊藤の一言

シティファンとしては、33節アウェイで行われたマンチェスター・ダービーで勝てなかったことは悔しい記憶として残っています。というのもこの試合でシティが勝てば、6試合を残しての史上最速優勝が決まるところでした。これはユナイテッド自身が00-01シーズンに成した「5試合を残しての優勝決定」という記録を破ることを意味します。シティの偉業を許したくなかったのか、なぜかこのシーズンは不調だった二人の大物が活躍しました。一人目はポール・ポグバ（24）。ケガや不調、モウリーニョとの確執も重なり、本来のパフォーマンスを発揮できていなかったフランス代表ＭＦが2得点決めています。また冬にヘンリク・ムヒタリアン（28）とのトレードで加入した後、その後も含めてこの試合以外ほとんど活躍しなかったアレクシス・サンチェス（28）が2アシストを記録するなど、違いを見せつけました。なんでこの試合だけ？

「安定の強さを見せるも、やはり高みには届かず」

3位　トッテナム・ホットスパー　監督：マウリシオ・ポチェッティーノ

17–18シーズンは夏にフェルナンド・ジョレンテ（32）、冬にルーカス・モウラ（24）と翌年のCL準優勝に貢献する選手らを獲得しています。同時にパウロ・ガッサニーガ（25）やセルジュ・オーリエ（24）もチームに迎えていますが、ダビンソン・サンチェス（21）の補強が失敗したのは痛かったですね。アヤックスから6年契約で4200万ユーロの移籍金で獲得、これは当時のクラブ記録を更新しました。

このシーズンからトッテナムはウェンブリー・スタジアムに本拠地を移します。カイル・ウォーカー（27）は5300万ユーロでクラブを去りましたが、キーラン・トリッピアー（26）が活躍してその穴を埋めました。リーグ全体の強さが上がったために、順位自体は前季から一つ落としましたが、9節でリヴァプール相手に4–1で勝利を収めると、12月から4月にかけてはユナイテッド、アーセナル、チェルシーらを破ってリーグ戦15試合無敗を記録。特に記憶に残っているのは、26節アウェイのリヴァプール戦でしょうか。この試合のヴィクトル・ワニャマ（26）の弾丸ボレーは有名なゴールですが、後半アディショナルタイムの同点弾、そしてハリー・ケイン（24）の

ＰＫも印象的です。というのも、このＰＫは実はこの日２回目で、87分の１回目のＰＫはロリス・カリウス（24）に止められています。そこから立ち直りきちんと２回目を決めきったケインはさすがですね。なおこのシーズンのケインはリーグ戦で30ゴールを決めて、この時点でのキャリアハイ記録を達成。22–23シーズンにまた同じゴール数を決めていますが……！

ＣＬでもグループステージでレアル・マドリード、ドルトムントらを相手に無敗で首位通過していますから、やはり安定していますよね。特にレアルはこの年ＣＬを優勝したチームで全盛期でした。しかし、不運にもラウンド16ではユヴェントスにホームで逆転を許して敗退しています。試合後にはユヴェントスのイタリア代表ＤＦジョルジョ・キエッリーニ（32）から「歴史も経験も浅いから大事なところで勝ちきれないんだ」という痛烈なコメントも飛び出していますね。

伊藤の一言

このシーズンのスパーズは過去2シーズンとメンバーに大きな変化がなく、間違いなく強かったですね。難しいところではありますが、今のスパーズより強い気がします。リーグ戦最終節は勝ってはいますが、レスター相手に5–4という壮絶な打ち合いでした。

「モハメド・サラーとフィルジル・ファン・ダイクの加入」

4位　リヴァプール　監督：ユルゲン・クロップ

ＣＬでファイナルまで進出し、強豪リヴァプールが復活したシーズンでした。特に大きなトピックスなのが、ＡＳローマからエジプト代表ＦＷモハメド・サラー（25）を４２００万ユーロ、シーズン途中にサウサンプトンからオランダ代表ＤＦフィルジル・ファン・ダイク（26）を８５００万ユーロの移籍金で獲得した補強でしょう。その他にもアレックス・オックスレイド＝チェンバレン（24）、アンドリュー・ロバートソン（23）など主力級の選手が続々加入。獲得に高額を費やしましたが、フィリペ・コウチーニョ（25）を１億３５００万ユーロでバルセロナへ売却したことによりこのシーズンの移籍収支は黒字だったそうですね。

そしてなんと言ってもサラーのリーグ戦32ゴールは圧巻でした。おそらくキャリアでもトップレベルの決定力を見せたこともあり、シーズン38試合制に移行してからの、当時の新記録を樹立しました。さらに、ＣＬでも13試合10ゴールを記録し、ファイナル進出に大きく貢献しました。プレミアリーグに来てからこれほどゴールを量産するとは思っていなかった方も多いはずです。

リーグ戦ではホームゲーム無敗を達成し、要塞アンフィールドとして勝ち点を積み上げました。一方アウェイゲームでは、特にファン・ダイクが加入する前は、開幕戦のアウェイ、ワトフォード戦の3–3など不安定な試合も少なくなかったです。ファン・ダイクがデビュー戦のＦＡカップ、エヴァートン戦で挨拶がわりに決勝ゴールを決めたシーンは印象深いですね。

リヴァプールファンにとって心残りなのは、このシーズンのＣＬ決勝で勝利を収めることができず、準優勝で終わったことではないでしょうか。やはりファイナルでのモハメド・サラーの負傷退場は大きな話題となりましたね。ケガをさせたセルヒオ・ラモス（31）を恨んでいるファンも一定数いる印象です。サラー自身も、後日ラモスと再会したときに無視するなど、感情的な行動を起こしましたしね。

決勝はサラーの途中交代以外にも、ロリス・カリウス（24）のミスからの失点や、レアル・マドリードＦＷガレス・ベイル（28）のバイシクル弾など様々なハイライトシーンが生まれています。終わり方こそ残念な形になりましたが、もう少しですべてが完成すると感じさせるような、ワクワクしたシーズンだったことは間違いないです。

「前年の圧倒的な強さから一変、想定外の迷走」

5位　チェルシー　監督：アントニオ・コンテ

ある意味ではこれもチェルシーというシーズンなのですが、アントニオ・コンテ（48）がチーム関係者と揉めたり、移籍市場で補強に失敗したりと、苦しいシーズンとなってしまいました。

まず補強に触れると、売却に関してはそれなりにうまくいっています。夏にはネマニャ・マティッチ（29）を4470万ユーロ、ナタン・アケ（22）をボーンマスに2280万ユーロで売却するなど、十分な価格で売却に成功。ただ議論になるのが、冬にジエゴ・コスタ（28）を6000万ユーロで売却した点です。

結果論から言うと、前年の16－17シーズンに最高の活躍を見せた後、その後はリーグ戦最高5ゴールしか決められていないことから、この金額で売却できたことは成功だと言えるでしょう。ただし、14－15シーズンから順に、リーグ戦で20ゴール、12ゴール、20ゴールを決めるなど、稀有なパフォーマンスを残していたストライカーを、17－18シーズンは公式戦で1試合も出場させずに完全に干したコンテ監督の責任は重かったという見方もあります。いずれにしても確かなのは、ファンからはドログバの後継者として期待されていた最高のストライカーが、チェルシーから失われてしまったということです。

にもかかわらず、買いオペレーションがひどかった。２億６０００万ユーロを使ったものの、移籍金に見合った活躍をしたのは３５００万ユーロで獲得したアントニオ・リュディガー（24）と、１７００万ユーロで獲得したオリビエ・ジルー（30）くらいでしょうか。

６６００万ユーロで獲得したアルバロ・モラタ（24）は年内こそ20試合で10ゴールと、初年度としては十分なパフォーマンスを披露しましたが、年明け以降、特に１月に背中のケガをしてからは調子を大きく落とし、その後は１ゴールしか決めることができませんでした。不調後のモラタは決定機を外すことが極端に増えてしまい、翌シーズンも16試合に出場して５ゴールと奮わず。コスタの代役になることはできませんでした。

他にもティエムエ・バカヨコ（22）に４０００万ユーロ、ダニー・ドリンクウォーター（27）に３７９０万ユーロ、ダビデ・ザッパコスタ（25）に２５００万ユーロ、ロス・バークリー（23）に１６８０万ユーロをかけていますが、どの選手も主力になることはできませんでした。その結果、得点力不足に悩まされ、リーグ戦では５位という結果に終わっています。

CLでもラウンド16でキレキレのリオネル・メッシ（30）に翻弄されて、2戦合計1-4で敗北。ウィリアン（28）が独力でドリブル突破を仕掛けるなど孤軍奮闘している姿が印象的でした。伊藤と一緒にスノボーに行った先のホテルで試合を見たことを覚えています。

ブルーズにとってせめてもの救いは、エデン・アザール（26）のゴールでマンチェスター・ユナイテッドを下してFAカップを優勝し、翌シーズンに希望を残す終わり方をしたことでしょうか。ただ無情にもシーズン終了後にコンテは解任となっています。

「偉大なるボスに別れを告げる」

6位　アーセナル　監督：アーセン・ベンゲル

このシーズンはアーセナル、そしてプレミアリーグの歴史を築き上げてきた名将アーセン・ベンゲル監督（67）のラストイヤーとなりました。振り返るとこのラストシーズンは名将にとって辛いシーズンになってしまいましたね。1996年にアーセナルの監督に就任してから、2000年代の中頃までは優勝争いに参加できていましたが、それ以降はエミレーツ・スタジアム建設費のローン支払いが重しになり、補強費に制限がある中で毎年戦っていました。そのため若手を安価で獲得して成長させることで、なんとか他チームとの競争力を維持していました。いつからか、大物を補強できない現状を誤魔化すために、インタビューでベンゲルが「我々には既に強力なスカッドがある」と答えることが毎年の移籍シーズンの恒例となっていたことも今では懐かしいです。

２０１０年代の前半から、即戦力を獲得するようになりましたが、シティやチェルシーほどの補強費があるわけでも、ベンゲル自身に戦術的な先進性が残っているわけでもなく、キャリア晩年は苦しい時期が長かった印象です。

このような流れがある中で、このシーズンの夏も苦しい移籍市場となりました。補強は最前線のアレクサンドル・ラカゼット（26）のみ。５３００万ユーロの大型補強で、彼自身は即戦力ではありましたが、あとはフリーでセアド・コラシナツ（24）を獲得したのみ。二人とも一定の活躍を見せたので失敗の夏とまでは言いませんが、やや寂しい夏だったことは間違いありません。

さてそんなベンゲルラストシーズンですが、システムを固定することが多い老将がこのシーズンは3-4-3、4-2-3-1、4-3-3など複数のシステムを使って勝利を目指しました。これは柔軟と言うより、迷走という言葉が近かった印象です。とにかく守備が不安定で、リーグ戦の51失点はアーセン・ベンゲル体制下でワーストの記録となっています。またエースのアレクシス・サンチェス（29）が周囲との連係を悪化させたことも、チームの調子を落としました。その結果、攻撃面の絶対的主軸だったサンチェスを、ヘンリク・ムヒタリアン（28）とトレードする形で冬に放出しています。ただ代わりにやってきたムヒタリアンのパフォーマンスもトップレベルとは言えず、アーセナルの攻撃を大きく活性化させたわけではありませんでした。ただアルメリア代表MFは、ドルトムント時代の同僚ピエール＝エメリク・オーバメヤン（28）を勧誘するなど、まるでエージェントさながらの活躍をした点は嬉しい限りでした。ガボン代表FWは冬に加入したにもかかわらず10ゴール4アシストという目覚ましい活躍を見せます。6375万ユーロの移籍金に見合う活躍をしたと言えるでしょう。

記憶に残っている試合は様々ありますが、特に覚えているのはELのアトレティコ・マドリード戦です。特に1stレグ、アーセナルは枠内に8本のシュートを飛ばすものの、とにかくヤン・オブラク（25）に止められて1-1の引き分け。しかも試合終盤の82分に、ローラン・コシールニー（31）のクリアミスから、シュコドラン・ムスタフィ（25）のブロックも間に合わず、アントワーヌ・グリーズマン（26）に得点を決められてしまいます。攻め込む展開で追加点を決められないことも悔しかったですが、コシールニーとムスタフィのCBコンビのままでは十分ではないことを確信したのがこのシーズンでしたね。

結局アーセナルは6位に沈み、2シーズン連続でCL出場権を手にすることができませんでした。EFLカップは決勝まで駒を進めましたが、決勝戦でシティを相手に0-3で完敗。無冠に終わりました。

こういう寂しいシーズンが、ベンゲルのラストイヤーになってしまったのは正直悲しい気持ちが大きいですね。ただこのシーズン面白いのが、15勝2分2敗とホームで鬼のような強さを見せつけているところです。対してアウェイでは、4勝4分け11敗とこんな差が出るのかというくらい弱かったですが……。退任を発表したのはシーズン終盤の4月だったのですが、目に見えないベンゲルパワーを発揮しました。

いずれにしても、フランス人監督がアーセナルにもたらした功績は大きなものでした。3度のプレミアリーグ制覇に加え、FAカップも7回制覇するなど、多くのタイトルをもたらしましたからね。

〈2017-2018シーズン順位表〉

順位	クラブ	試合	勝	分	敗	得点	失点	差	勝点
1	マンチェスター・シティ	38	32	4	2	106	27	79	100
2	マンチェスター・ユナイテッド	38	25	6	7	68	28	40	81
3	トッテナム・ホットスパー	38	23	8	7	74	36	38	77
4	リヴァプール	38	21	12	5	84	38	46	75
5	チェルシー	38	21	7	10	62	38	24	70
6	アーセナル	38	19	6	13	74	51	23	63
7	バーンリー	38	14	12	12	36	39	-3	54
8	エヴァートン	38	13	10	15	44	58	-14	49
9	レスター・シティ	38	12	11	15	56	60	-4	47
10	ニューカッスル・ユナイテッド	38	12	8	18	39	47	-8	44
11	クリスタル・パレス	38	11	11	16	45	55	-10	44
12	ボーンマス	38	11	11	16	45	61	-16	44
13	ウェストハム・ユナイテッド	38	10	12	16	48	68	-20	42
14	ワトフォード	38	11	8	19	44	64	-20	41
15	ブライトン＆ホーヴ・アルビオン	38	9	13	16	34	54	-20	40
16	ハダースフィールド・タウン	38	9	10	19	28	58	-30	37
17	サウサンプトン	38	7	15	16	37	56	-19	36
18	スウォンジー・シティ	38	8	9	21	28	56	-28	33
19	ストーク・シティ	38	7	12	19	35	68	-33	33
20	ウェスト・ブロムウィッチ・アルビオン	38	6	13	19	31	56	-25	31

（参照：FLASHSCORE）

18/19シーズン雑談配信 ※映像なし

13万回視聴　6年前　999　共有

上位のチャットのリプレイ

りょー　驚がくの1.8倍とぶっちぎり1番人気のシティ！　昨季勝ち点100ですからね

伊藤　続いてリヴァプールが2番人気ですか

りょー　リーグ4位ながらもCL決勝進出してますし、昨季のファン・ダイクと今季のアリソンが完璧な補強です

伊藤　サラーもハンパなくて攻守で盤石だね

りょー　3番人気にチェルシー！　新監督サッリで未知数ですが、愛弟子ジョルジーニョも補強してますね

伊藤　パスサッカーに注目って感じだね

りょー　4番人気がユナイテッドということで、モウリーニョ3年目はやっぱあんまり期待されていないのか？

「国内三冠&プレミア2連覇、リヴァプールとデッドヒート」

1位　マンチェスター・シティ

監督：ジョゼップ・グアルディオラ

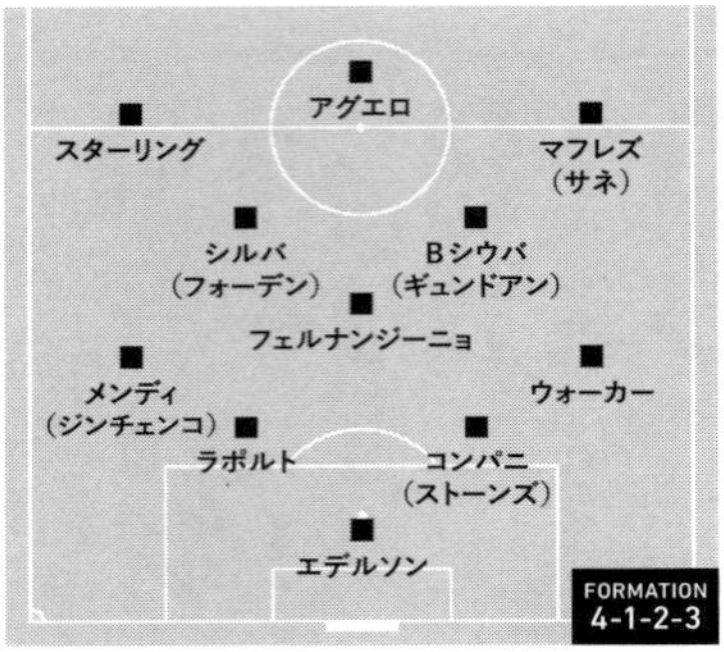

前シーズンにリーグ優勝し、チームの基盤を作ったマンチェスター・シティは強さそのままに、夏にはレスターから前季のエメリック・ラポルト（24）の6500万ユーロを上回る、当時のクラブ史上最高額6780万ユーロでリヤド・マフレズ（27）を獲得しました。あとは板倉滉《いたくらこう》（21）もこのシーズンにシティに加入、そのままFCフローニンゲンにローンで移籍しています。ここから数シーズンは基盤が整ったこともあり、毎年一人か二人だけの獲得になっていた気がします。あとはジョー・ハート（31）、ヤヤ・トゥーレ（35）などの退団があり一時代の終わりを感じましたね。長年探し求めていたヴァンサン・コンパニ（32）の相方

として、ラポルトが定着したのも大きいですね。ただこのシーズンはそのコンパニのラストシーズンでもあります。

リーグ戦は頭からめちゃくちゃ点を取っていましたね。開幕戦の相手はアーセナルでした。マフレズが早くもスタメン。ラヒーム・スターリング（23）がお馴染みのカットインからのシュートで先制点をぶち込みました。その後のベルナルド・シウバ（23）のゴールもあり見事勝利。1年目は若干フィットに苦しんだB・シウバですが、このシーズンに大爆発しました。負傷離脱でシーズン出場は19試合974分のみだったケヴィン・デ・ブライネ（27）の穴を埋めたのはB・シウバです。

そんな中、シーズン名ゲームの一つが8節のリヴァプール戦（0-0）です。シティズンとしては悔しい記憶かもしれません。緊張感のある一戦でしたが、86分にマフレズがPKを外し、ギリギリのところでシティは勝ちを逃しました。悲願のアンフィールドでの勝利まであと一歩でした。

その後も15節までは無敗を維持して例年通りの強さを維持したものの、16節のチェルシー戦でサッツリ監督率いるチェルシーの強固な守備ブロックを前にゴールを奪えず、0-2で敗北。セルヒオ・アグエロ（30）が不在だったのも痛かったですね。代わりにスターリングがワントップを務めています。調子を落としたシティはその後、18節クリスタル・パレス戦、19節レスター戦で2連敗を喫してしまいます。クリスタル・パレス戦ではアンドロス・タウンゼント（27）にゴールを決められたのですが、これがまたスーパーゴールでした。クリアボールをダイレクトでペナルティーエリア外から決め、このシーズンの最優秀ゴールになったほどです。いずれにしても相当押し込むものの、決めきれない試合が続きました。

こうして年末に調子を崩し2位で迎えた大一番、新年一発目のリーグ戦21節リヴァプール戦は絶好調のアグエロのニアぶち抜きゴールで先制します。その後追いつかれましたが、カウンターからレロイ・サネ（22）の一撃が決勝点となり、2-1で見事勝利。お互い攻め合うギリギリの戦いの中で、ジョン・ストーンズ（24）がゴールライン上のボールをクリアするシーンもあり、手に汗握る展開でした。

こうして大一番を制したシティは年明けから復調し、25節アーセナル戦からはシーズン終了まで怒涛の14連勝でリヴァプールとの勝ち点差を詰めていき、3月には首位に返り咲きます。追う展開から追われる展開となったシーズン終盤、首位で迎えた37節レスター戦で劇的なドラマが待っていました。勝ち点を落とせば順位が入れ替わる状況、対戦相手は年末に1-2で敗北を喫したレスター。攻めきれず試合終盤になっても0-0のまま。しかし70分、ＣＢのコンパニが高い位置でボールを持つとシュートモーションに入ります。「打つな！」と叫ぶチームメイトもいたそうです。しかしベルギー人の主将は迷わず振り抜きました。するとボックス外からの得点なんてほとんど決めたことのない選手が、まさかの25メートル級のミドルシュートでネットを揺らして、チームに勝ち点3をもたらしたのです。あのゴールが決まったときは、シティズン以外でも興奮したにちがいありません。あまりに劇的すぎました。コンパニにとってはホームラストゲームでもあったわけですからね。

こうしてギリギリの戦いを制したシティは、最終節アウェイのブライトン戦を4-1で快勝し、リヴァプールとの優勝争いを勝ち点1差で逃げ切り、連覇を達成しました。

一方、CLでは準々決勝でトッテナムと激突。リーグとは一変して奮わず、トッテナムの攻撃陣とアバウトな判定のVARに翻弄され敗退してしまいました。それでもカラバオ・カップでは決勝でチェルシーにPK戦で勝利し、FAカップでは決勝でワトフォードに6-0の快勝で優勝。国内のタイトルを総ナメにしたシティはコミュニティシールドを合わせれば国内四冠を達成しました。

伊藤の一言

本当に最高のシーズンでしたね。シーズン終盤の連勝街道の中では他にも印象的な試合があり、それは26節チェルシー戦です。アウェイでは敗戦を喫した相手に、まさかの6-0で快勝。アグエロがハットトリックを達成しましたね。このシーズンのアグエロは合計3回のハットトリックを記録するなど、固め打ちをしてリーグ戦で21ゴールを決めています。余談ですが、この一戦の後、チェルシー日本語公式Twitterアカウントがショックすぎておかしくなったのか、『6-0だよ〜ん』とツイートして、SNS上をざわつかせていた記憶があります。

「GKアリソンを補強して万全の体制に。CLを制覇」

2位　リヴァプール　監督：ユルゲン・クロップ

リヴァプールは、補強ポイントであったGKのポジションに6250万ユーロの移籍金で、ASローマからブラジル代表GKアリソン・ベッカー（25）を獲得しました。その他にもブラジル代表MFファビーニョ（24）を4500万ユーロで、ギニア代表MFナビ・ケイタ（23）を6000万ユーロで、そしてスイス代表FWジェルダン・シャキリ（26）を1470万ユーロで補強しています。

リーグ戦は連戦連勝を続け、他のＢＩＧ６相手に引き分けるぐらいではとんどの試合を勝利していました。ただ同じく連戦連勝を続けていたマンチェスター・シティ相手の直接対決に破れたり、24節のレスター戦、続く25節のウェストハム戦で連続で引き分けてしまったりなど、勝負どころで勝ち点を積めなかった印象はありますね。レスター戦とウェストハム戦の引き分けを悔やむファンも多いのではないでしょうか。逆にポジティブな印象が残っている試合は、20節のアーセナル戦ですかね。アーセナルが先制したんですけど、そこから5点を返して見事な逆転勝利を収めました。なかでもロベルト・フィルミーノ（26）のハットトリックは珍しいイメージがありますね。

あと話題となったシーンは14節のエヴァートン戦ですよね。誰もが引き分けで終わると思った96分にファン・ダイク（27）のロングフィードをエヴァートンＧＫジョーダン・ピックフォード（24）が処理を誤り、こぼれてきたボールをベルギー代表ディボック・オリギ（23）が落ち着いて流し込み劇的な勝利をあげました。

余談ですが、試合後ピックフォードが「エヴァートンファンには申し訳ないと思っている。マージーサイド・ダービーがどういう意味合いなのかは選手として理解しているつもりだ。ただ今回のミスはトレーニングでどうこうなる類のものではない。異常事態だったのさ」と発言したことが印象的でしたね。大舞台直後に開き直れるメンタリティ、これも才能かもしれません。

そしてなんと言ってもCLでは劇的な展開で優勝を手にします。大一番となったのが準決勝バルセロナ戦。1stレグではアウェイを0−3で落としてピンチに。ちなみにこの試合の終盤、バルセロナのウスマン・デンベレ(21)が決定機を外したのですが、これが決まっていれば勝敗は決していたかもしれません。

スコア差、そしてモハメド・サラー(26)とフィルミーノが負傷離脱した苦しいスカッドを考えると絶望的な状況です。しかし監督も、選手も、何よりもアンフィールドに訪れた約5万人のファンは逆転勝利を諦めていませんでした。

ホームにバルセロナを迎え入れ、CLのアンセムが流れ始めるものの、ホームサポーターたちはスピーカーから流れた音楽をかき消すほどの「You'll Never Walk Alone」を熱唱して、選手たちに寄り添い、後押ししました。すると奇跡の種が芽吹き始めます。リオネル・メッシ(31)を中心に、ルイス・スアレス(31)、フェリペ・コウチーニョ(26)ら、元同僚たちがアンフィールドのゴールに襲いかかるものの、すんでのところで防ぎ続ける。すると前半7分にオリギがゴールを決めてトータルスコア1−3で折り返します。そして後半開始直後の46分にクロップが動きます。アンドリュー・ロバートソン(24)が負傷離脱したこともあり、代わりにジョルジニオ・

ワイナルドゥム（27）を投入。するとこのシーズンのCLに10試合出場し、いまだ無得点だった男が、54分、56分に連打して、一気に試合を3-3のイーブンに戻します。もうこうなったら、スタジアムの熱狂は凄まじいもの。そして、79分に、トレント・アレクサンダー＝アーノルド（19）の機転で、「アンフィールドの奇跡」という美しい瞬間が花咲きました。

アレクサンダー＝アーノルドが右サイドでコーナーキックを得ると、イングランド代表DFは、3点目をアシストしたジェルダン・シャキリにキッカー役を譲ろうと、コーナーフラッグから一度離れようと2、3歩踏み出しました。しかし彼は見逃さなかった。動揺するバルセロナの選手たちがヘッドダウンしており、ゴール前でオリギがフリーになっている瞬間を。この時アレクサンダー＝アーノルドは「直感的に『蹴らなきゃ』と思った」そうです。一度離れかけたコーナーに戻り、フリーのベルギー代表FWにグラウンダーの球を蹴り込んだ。蹴る直前に目が合ったオリギは、そのボールにきちんと反応してこの試合の4点目であり、大逆転を意味する得点を決めてスタジアムに熱狂をもたらしたのです。その後のリヴァプールイレブンの必死に守る姿たるや。1点でも失えばアウェイゴールの関係で敗退が決まります。まさに天国から地獄。ただし一致団結したリヴァプールの守備ブロックは固かった。最後はジェイムズ・ミルナー

（33）が抱え込むようにコーナー付近で時間を稼いで、試合終了。劇的な形でCL決勝進出が決まりました。この試合は間違いなく、リヴァプールの歴史だけではなくサッカー史に残る名試合になりましたね。こうして進出した決勝では、トッテナムを相手にサラーと、要所で重要なゴールをあげてきたオリギが準決勝に続きまたもやゴールを決めて、2-0で勝利。04-05シーズンの「イスタンブールの奇跡」以来となる欧州王者の栄冠に輝きました。

「新監督による大幅なスタイル変更とアザール圧巻のラストシーズン」

3位　チェルシー　監督：マウリツィオ・サッリ

このシーズンは前任のアントニオ・コンテ監督（49）を解任し、マウリツィオ・サッリ監督（59）を招聘しました。チェルシーは従来のサッカースタイルを大幅に変更することとなります。当時のイングランドのチームではカウンター志向の戦術が主流だったため、「サッリボール」とも呼ばれる魅力的なポゼッションサッカーを期待していた人も多かったと思います。

夏の移籍市場ではサッリボールを体現するためにナポリから指揮官の教え子である

ジョルジーニョ（26）を獲得。そして守護神だったティボー・クルトワ（26）がレアル・マドリードに移籍したため、新たな守護神としてアスレティック・ビルバオからケパ・アリサバラガ（23）を破格の7160万ポンドで獲得しました。これは、GKの移籍金最高額を記録しています（2024年8月時点）。スペイン人の小柄なGKは足元の技術は抜群でしたが、セービングの面で苦しみましたね。移籍金のプレッシャーもあったのかもしれません。責任感に繋がったのか、マンチェスター・シティと対戦したカラバオ・カップの決勝、延長戦でPK戦が目前のタイミング、サッリがケパを下げようとしたところ、スペイン人GKは交代を拒否。意地をみせてレロイ・サネのPKを止めるものの、本来PK職人であるジョルジーニョと、ダビド・ルイス（31）が外してしまい、敗戦を喫してしまいました。

シーズン序盤こそジョルジーニョを中心にハイテンポなポゼッションで無敗を維持していましたが、12節のエヴァートン戦以降徐々に黒星を重ねていき、一時は6位にまで順位を落としてしまいます。しかし、ルーベン・ロフタス＝チーク（22）やカラム・ハドソン＝オドイ（17）らアカデミー出身選手の活躍、CL圏内を狙う他のチームの不調もあり、再び順位を上げて最終的に3位でフィニッシュしました。

大幅なスタイル変更の中で活躍が目立ったのがジョルジーニョですね。初年度からスタメンに定着し、リーグ戦は37試合に出場しました。守備でやや苦しむシーンもありましたが、数字には残らない試合の中での圧倒的な存在感を放っていました。サッリボールには欠かせない存在でした。

そしてチェルシーでのラストイヤーとなったエデン・アザール（27）の活躍も凄まじかったですね。リーグ戦に37試合出場し、16ゴール15アシストという驚異的なスタッツを最後の最後に残していきました。これはアザールのチェルシーでのキャリアハイのスタッツです。

このシーズンはアーセナルを倒してＥＬを制しました。アザールはチェルシーでの最後の試合に2得点を記録し、チェルシーでの有終の美を飾りました。

結局このシーズン限りでサッリ監督は退任となります。ちなみにかなりの愛煙家として知られるサッリですが、イングランド・サッカー界では試合会場での喫煙を禁じています。初めてのイタリア国外での指揮だったこともあり、イングランドに適応するのに苦労したのかもしれないですね。

「まさかの無補強。欧州で奇跡を見せるも最後の輝きか」

4位　トッテナム・ホットスパー　監督：マウリシオ・ポチェッティーノ

このシーズンのトッテナムは夏の移籍市場で補強ゼロと、プレミアリーグでは02-03シーズンに移籍市場のシステムが導入されてから前例のない出来事でした。ファンからは不満の声が出ましたが、マウリシオ・ポチェッティーノ監督（46）は記者会見で「むやみやたらに選手を獲得するよりは主力選手の残留に努めるほうがいい」とクラブの立ち回りを擁護しました。なお、冬の移籍市場でも補強は行われませんでした。

そんなこんなで新戦力なしに開幕を迎えたスパーズでしたが、3節ではマンチェスター・ユナイテッドを敵地で破るなど幸先良いスタートを切りましたね。14節でアーセナルに2-4で逆転を許すなど敗戦もありましたが、26節終了時点では20勝6敗で3位に浮上。しかし、ここから一気に崩れます。27節バーンリー戦からアウェイで勝つことができなくなり、アウェイ6連敗となると、最終的には4位でシーズンを終えました。さすがに補強なしが響いたのか、ポチェッティーノ監督もシーズン閉幕前には「美しい家にはそれ相応の家具が必要だ」とチーム刷新の必要性を示唆する発言をしていましたね。

一方のCLではギリギリの2位通過でグループステージを突破すると、ドルトムント、マンチェスター・シティ、アヤックスを破ってクラブ史上初めて決勝に進出しました。やはり一番の衝撃はアヤックス戦でのルーカス・モウラ（25）の逆転ハットトリックですが、準々決勝のシティ戦もスターリングの後半アディショナルタイムの勝ち越しゴールがVARで取り消されるなどドラマがありました。このシーズンはハリー・ケイン（25）が負傷欠場する試合が多く、ソン・フンミン（26）とルーカス・モウラが頑張っていたイメージです。改めて振り返るとよく決勝まで勝ち進んだなと思いますね。決勝はマドリードのエスタディオ・メトロポリターノでリヴァプールと対戦。この試合は逆にドラマに欠ける展開で0‐2の敗戦に終わり、念願のトロフィーには一歩届きませんでした。

もう一つの話題は4月にトッテナム・ホットスパー・スタジアムが完成したことですね。ソン・フンミンがクリスタル・パレス相手に先制ゴールを決め、約10億ポンドかけて建造した新スタジアムでの初戦を勝利で飾りました。

「エメリ新体制、終わり悪ければすべて悪い」
5位　アーセナル　監督：ウナイ・エメリ

22年もの間続いたアーセン・ベンゲル監督（68）の長期政権に終止符を打ち、迎えたウナイ・エメリ監督（46）の初年度は前半こそ悪くなかったものの、最終的には地獄のようなシーズンになりました。移籍市場ではルーカス・ペレス（29）、チュバ・アクポム（22）らサブ組を整理して、幼少期から17年間アーセナルに在籍したガラスの天才ジャック・ウィルシャー（26）や2度のFAカップ優勝に貢献したサンティ・カソルラ（33）に別れを告げました。新加入としては、ルーカス・トレイラ（22）を2865万ユーロで獲得し、長らく課題となっていた守備的MFのポジションに着手します。

また2500万ユーロで獲得したベルント・レノ（26）は、新守護神としてスーパーな活躍を見せました。わずか800万ユーロで獲得したマテオ・ゲンドゥージ（19）も、公式戦48試合に出場するなど、戦力になったことはポジティブでした。

いざプレミアリーグが開幕すると、最初の2戦こそBIG6相手に連敗を喫しましたが、その後は怒涛の公式戦11連勝を記録。エメリはセビージャ時代には史上初となるＥＬ３連覇を達成したほどの名将です。前半戦ではその手腕を遺憾なく発揮して12月中頃まで好調を維持しました。

前半戦で記憶に残った試合といえば14節トッテナムとのノースロンドン・ダービーですね。これはもうグーナーは全員覚えていると思います。前半はピエール＝エメリク・オーバメヤン（29）のＰＫでアーセナルが先制するものの、セットプレーからエリック・ダイアー（24）のヘディングとケインのＰＫで立て続けに失点して逆転されてしまいます。しかし後半にアーロン・ラムジー（27）からの展開でオーバメヤンが同点弾を決めると、アレクサンドル・ラカゼット（27）がボックス外から倒れながらゴールを決めてアーセナルが逆転。そして最後にトレイラが抜け出してからのだめ押しゴールで試合を決定付けました。その時にトレイラがユニフォームを脱いだのが印象的ですね。アーセナルでシャツを脱ぐ選手は珍しいですから。

このシーズンはトレイラがグーナーからすごく期待されていたのですが、序盤はエメリに全然使われませんでした。元々このポジションの大柄なＭＦを希望していたそうなのですが、やってきたのは一際小柄な１６６㎝の選手ということもあり、何かしら複雑な思いがあったのかもしれません。その結果、中盤の組み合わせは、グラニト・ジャカ（25）とゲンドゥージのコンビばかりでした。その結果、「ジャカトレ出せ」

と言っているグーナーが多かったです。トレイラはそれでも徐々に出場時間を伸ばしていき、最終的にこのシーズンは50試合3219分出場しています。

問題なのは後半戦です。アーセナルは例に漏れずぐずぐずでした。ケガ人が相次ぎメンバーも固まらず、失点が止まらなくなってしまったのです。それでも終盤戦、ギリギリ4位以内に入るために必死に戦い、30節マンチェスター・ユナイテッド戦は2-0で勝利。CL権獲得に望みを繋げました。しかしその後にクリスタル・パレス、ウォルバーハンプトン、レスターに3連敗を喫して台無しにしてしまいました。最終的に4位のトッテナムとは勝ち点1差であったため、ここのどこかで勝てていたら結果は変わっていたかもしれませんね。

ただリーグが終わった時点では、そこまで絶望していませんでした。EL決勝で勝てばCL出場権を獲得できるからです。対戦相手のチェルシーはCL出場を決めていたので、「ここは譲ってくれよ」という思いが正直ありました。しかし結果は1-4で完敗。全盛期のエデン・アザール（27）にやられまくり、元アーセナルのオリビエ・ジルー（31）に恩返し弾を決められるという散々な結果でした。

これによって、とにかくカップ戦に強いことで有名なエメリ監督が唯一決勝で負けたのがアーセナルということになりました。「ウナイ・エメリリーグ」と揶揄されるほどＥＬに強いはずなのに……。この敗北によって終わりが悪ければすべて悪いシーズンになってしまいましたね。

「解任ブーストは長く続かず、終盤大失速」
6位 マンチェスター・ユナイテッド
監督：ジョゼ・モウリーニョ／オーレ・グンナー・スールシャール

このシーズンの前半は、モウリーニョの〝3年目の呪い〟がまたもや襲いかかって低迷します。まず、移籍市場ではシャフタール・ドネツクから守備的ＭＦフレッジ（25）、ポルトから攻撃的なＳＢディオゴ・ダロト（19）を獲得。活躍した時期はあったものの、フレッジに対して5900万ユーロを支払ったのは高すぎかなという印象ですね。守備面では文句なしですが、攻撃面では物足りなさを感じる選手でした。また実質的な新戦力で言うと、アカデミー出身のアンドレアス・ペレイラ（23）をスカッドに組み込もうとしました。本来2列目の選手なのですが、運動量豊富な点とロングキックのうまさを評価してアンカー起用しようとしたのですが、いかんせんボールロストが多く、機能したとは言い難かったですね。

例年に比べて移籍市場での動きが少ない中で迎えたレスターとの開幕戦。この試合は2-1で勝利しましたが、2節、3節で連敗を喫します。特にトッテナムとの3節は本職が中盤のアンデル・エラーラ（29）を3バックの一角に起用する奇策に出るなど、すでに迷走が始まっていました。その後もなかなか調子は上向かず、17節でリヴァプールに完敗を喫したことで、首脳陣はモウリーニョの解任を決断。このシーズン、モウリーニョはポール・ポグバ（26）との関係が悪化していたようで、3年目のモウリーニョは誰かと揉めて解任されるというジンクスが再び牙をむきました。

暫定監督はオーレ・グンナー・スールシャール（45）が務めることになりました。彼はこのとき、ノルウェーのモルデで指揮を執っていたのですが、所属クラブとの契約に「マンチエスター・ユナイテッドからのオファーが来たときは契約解除ができる」という項目を含んでいたそうです。ユナイテッドへの強い愛を感じますね。

そんなスールシャール初陣となるカーディフ戦は5-1の大勝。その後、リーグ戦の連勝は6まで伸び、凄まじい解任ブーストを発揮しました。しかし、CLラウンド16ではパリ・サンジェルマン相手に1stレグ（ホーム）で0-2の敗戦。しかもケガ人が続出しており、ベンチメンバーには10代のアカデミーの選手だらけという逆境の中で、アウェイの2ndレグは3-1で勝利。結果、アウェイゴールの差でベスト8に進出することに成功しています。スタメンで起用されたフレッジとペレイラが、心臓が何個あるのかと驚かされるほどに走り回る姿が印象的でした。またタヒス・チョン（18）や、メイソン・グリーンウッド（17）など、まだまだ戦力とは言えないアカデミー出身の若者を後半から使った上で、よく勝てたなと思います。

その結果、3月にはスールシャールが正式に監督に就任することが発表されましたが、そこからチームは再び低迷します。バルセロナとのCL準々決勝では2戦合計0－4で完敗を喫し、リーグ戦も終盤5試合は2分3敗と大失速。結局、チームは6位でフィニッシュし、モウリーニョ解任時と変わらない順位でシーズンを終えることになりました。

〈2018-2019シーズン順位表〉

順位	クラブ	試合	勝	分	敗	得点	失点	差	勝点
1	マンチェスター・シティ	38	32	2	4	95	23	72	98
2	リヴァプール	38	30	7	1	89	22	67	97
3	チェルシー	38	21	9	8	63	39	24	72
4	トッテナム・ホットスパー	38	23	2	13	67	39	28	71
5	アーセナル	38	21	7	10	73	51	22	70
6	マンチェスター・ユナイテッド	38	19	9	10	65	54	11	66
7	ウォルヴァーハンプトン・ワンダラーズ	38	16	9	13	47	46	1	57
8	エヴァートン	38	15	9	14	54	46	8	54
9	レスター・シティ	38	15	7	16	51	48	3	52
10	ウェストハム・ユナイテッド	38	15	7	16	52	55	-3	52
11	ワトフォード	38	14	8	16	52	59	-7	50
12	クリスタル・パレス	38	14	7	17	51	53	-2	49
13	ニューカッスル・ユナイテッド	38	12	9	17	42	48	-6	45
14	ボーンマス	38	13	6	19	56	70	-14	45
15	バーンリー	38	11	7	20	45	68	-23	40
16	サウサンプトン	38	9	12	17	45	65	-20	39
17	ブライトン＆ホーヴ・アルビオン	38	9	9	20	35	60	-25	36
18	カーディフ・シティ	38	10	4	24	34	69	-35	34
19	フラム	38	7	5	26	34	81	-47	26
20	ハダースフィールド・タウン	38	3	7	28	22	76	-54	16

（参照：FLASHSCORE）

19/20シーズン雑談配信 ※映像なし

14万回視聴　5年前　999　共有

上位のチャットのリプレイ

りょー　1番人気はシティ！　二連覇すらそりゃね

伊藤　アクシデントがあっても乗り越えられる

りょー　2番人気はリヴァプール！　昨季はCL制覇して、倍率的にはシティと誤差の違いですね

伊藤　3番人気はCL準優勝のトッテナム！

りょー　CLではシティを破ってアヤックスにはとんでもない逆転勝利！　ケイン不在の試合も強かった

伊藤　勝者のメンタリティが備わってきたし、全員で戦うことができたらいよいよリーグ優勝もあるかも

りょー　4番人気は補強禁止のチェルシー！　ランパード監督就任で苦難をどう乗り越えるかが楽しみです

「クロップリヴァプールサッカーの完成」

1位　リヴァプール

監督：ユルゲン・クロップ

19-20シーズンのリヴァプールの大きなトピックスはなんと言ってもプレミアリーグ優勝でしょう。32勝3分3敗と圧倒的な成績で勝ち点99を積み上げ、前シーズン届かなかった念願のリーグタイトルを獲得する年となりました。

　このシーズンは、大型補強こそなかったものの、冬の移籍市場で日本代表ＦＷ南《みなみ》野《の》拓実《たくみ》（24）が加入したことで日本人のサッカーファンが大いに沸きましたね。世界トップレベルのクラブに加入してどれだけやれるのか楽しみにしていたファンも多いのではないでしょうか。

　戦術としてはカウンター中心のサッカーから、リーグ戦でコンスタントに勝利を収めるために、徐々にポゼッション中心のサッカーへと移行を試みています。その結果、リーグでは開幕から連勝を続け、9節のマンチェスター・ユナイテッド戦で引き分けるまで8連勝を記録しました。この試合「ユナイテッドはよく引き分けたな」と感じるような試合で、誰にも止められない勢いと強さがありました。首位対決となった12節のマンチェスター・シティ戦でも3-1と勝利し、勢いは止まりません。リヴァプールは、大一番に勝利した後、燃え尽き症候群のような形で下位クラブに勝ち点を取りこぼすイメージがあったのですが、その次の試合のクリスタル・パレス戦でしっかり勝利。今年は本物の強さだと確信した記憶があります。

そんな無敗を止めたのが、28節で対戦したワトフォードでしたね。ワトフォードFWイスマイラ・サール（21）が大活躍し、3-0で勝利して、リヴァプールのリーグ無敗記録を止めました。この試合は2月29日に行われています。つまり、8月にリーグが開幕してから約6ヶ月もの間無敗だったわけです。このシーズンはコロナ禍だったこともあり、一時的にリーグは中断。中断明けはやや調子を崩したものの大崩れはせず。その後も強さを維持してプレミアリーグ初優勝が決定。大観衆でのパレードを実施できなかったことに寂しさはありますが、ステイホームしながら自宅で興奮したファンも多かったと思います。

このシーズンのリヴァプールの魅力は様々ですが、一つはトレント・アレクサンダー＝アーノルド（20）が13アシストでアシストランキング2位、アンドリュー・ロバートソン（25）が12アシストで同３位を記録するなど、両ＳＢが高い位置をとって攻撃参加していた点も魅力でした。ＳＢのクロスに、ＳＢが突っ込んでいくこともあるくらいでしたからね。

一方ＣＬでは、ラウンド16でアトレティコ・マドリード相手に延長戦まで持ち込むものの合計スコア2‐4で敗戦し、連覇とはなりませんでした。アンフィールドで負けるリヴァプールは珍しく、「ここで本当に負けるんだな」と思ったのを覚えています。この試合のトーマス・パーティー（26）のフィルター力と、ヤン・オブラク（26）のスーパーセーブの連続は異常でしたね。

伊藤の一言

あと珍しい試合がありましたよね。前年ＣＬを優勝したことで出場したカタールで行われたクラブＷ杯の試合とイングランドで行われたカラバオ・カップ準々決勝の試合がバッティングしてしまい、異例の2チーム編成を組み試合に臨みました。クラブＷ杯にはフルメンバーを用意し、カラバオ・カップでは、平均年齢19歳１８２日の若いチームで挑み、監督のクロップも不在でした。この試合には当時16歳だったハービー・エリオットなどが出場しましたが、アストン・ヴィラ相手に0‐5で敗戦しました。

「CB崩壊、王者の挫折」

2位　マンチェスター・シティ　監督：ジョゼップ・グアルディオラ

このシーズンの移籍市場では、後にマンチェスター・シティの心臓となるロドリ（23）をクラブ史上最高額の7000万ユーロで獲得したことが大きかったですね。またユヴェントスからSBのジョアン・カンセロ（25）を、ダニーロ（28）＋2800万ユーロで獲得。他にも長期的に戦力になったわけではありませんが、アンヘリーニョ（22）を獲得し、ファビアン・デルフ（29）を売却してSBを一新。グアルディオラのサッカーにより適した選手を揃えたと言えるでしょう。あとは、セカンドGKであるザック・ステッフェン（24）の補強もよかったですし、シティで試合に出場しませんでしたが、食野《めしの》亮太郎《りょうたろう》（21）を獲得したことも日本のサッカーファンの間では話題になりました。

日本で話題になった話で言うと、この年のプレシーズンに来日して、横浜F・マリノスと対戦しました。当時のマリノスの監督がアンジェ・ポステコグルーだったこともあり、お互い前のめりなサッカーで打ち合う好ゲームに。3−1でシティが勝利しましたが、この試合をきっかけにしてシティズンになった人もいるようですね。

こうして開幕を迎えたシティですが、例年と違って5節という早い時期に敗戦を喫してしまいます。しかも対戦相手は昇格組のノリッジ・シティでした。ニコラス・オタメンディ（31）のミスからテーム・プッキ（29）に決められたシーンを、嫌な記憶として覚えているシティファンもいるでしょう。ただ負けっぱなしで終わらないのがシティですね。続く6節のワトフォード戦では、8-0で圧勝。この試合では珍しくベルナルド・シウバ（24）がハットトリックを達成しています。

このシーズンに優勝を逃す要因はこの頃から顕在化し始めており、この時点でエメリク・ラポルト（25）とジョン・ストーンズ（25）が負傷離脱したことで、ブラジル代表MFフェルナンジーニョ（34）がCBを務めています。その後は若手のエリック・ガルシア（19）や守備的MFのロドリもCBを務めるようになりましたが、なかなか安定しませんでしたね。9節のクリスタル・パレス戦では、どちらも本職ではないロドリとフェルナンジーニョがCBコンビを組むことになりました。両SBもバンジャマン・メンディ（25）、カンセロといった攻撃的な選手でしたが、なぜか苦手なパレスを相手に0点に抑えて、2-0で勝利を収めました。今思うと伝説のメンバーですよね。

あまりケガをせず稼働率の高いスペイン代表MFロドリですが、パレス戦でCBで起用された途端に2試合負傷離脱したこともあり、その後はCBとして起用されることはあまりありませんでしたね。適性はあるのでしょうが、普段とは違う動きをするのでフィジカル面での負担が大きいのかもしれません。

いずれにしてもCBの人員不足で守備が不安定になり、勝ち点を落とすことが多かったです。前年は23失点でしたが、このシーズンは35失点にまで増えてしまいました。その結果、この年のシティはスールシャール率いるマンチェスター・ユナイテッドと、当時絶好調だったアダマ・トラオレ（23）が在籍するウォルバーハンプトンにシーズンダブルをくらっています。最終的に9敗も喫したこのシーズン、勝ち点81で2位となってしまいました。

一方でCLは、ラウンド16でレアル・マドリードに2連勝して、準々決勝に進出。ただ新型コロナウイルス感染拡大による影響で一発勝負となったリヨン戦は、1－3で敗戦を喫してしまいました。突然レギュレーションが変わったのはアンラッキーではありますが、想定外の3バックで負けたこともあり、「普段通り戦っていれば……」と感じたファンも多かったようですね。

国内カップ戦では、カラバオ・カップは決勝でアストン・ヴィラに勝利して連覇を達成。無冠を免れることには成功していますが、全体的に苦しいシーズンでした。

伊藤の一言

ただネガティブなことばかりではなく、このシーズンはケヴィン・デ・ブライネ（28）がリーグ戦20アシスト、ラヒーム・スターリング（24）が20ゴールを記録して攻撃陣は活躍しました。またマンチェスター・シティで公式戦436試合に出場したダビド・シルバ（33）がラストイヤーでしたね。彼の存在には本当に助けられました。翌21年にヴァンサン・コンパニ（33）とシルバの銅像が設立されましたが、クラブへの功績を考えれば当然だと思います。

3位　マンチェスター・ユナイテッド　監督：オーレ・グンナー・スールシャール

「序盤の大苦戦とチームブルーノの誕生」

このシーズンは序盤の大苦戦と冬のマーケット以降の飛躍が印象に残るシーズンでした。夏にはハリー・マグワイア（26）、アーロン・ワン＝ビサカ（21）、ダニエル・ジェームズ（21）ら英国系の選手を中心に補強します。マグワイアはＤＦの移籍金として当時最高額となる８７００万ユーロでレスターから加入しました。最近は移籍金に見合ったパフォーマンスを発揮できずに批判されていますが、加入1年目と翌シーズンはフル稼働でチームに貢献していたのでまずまずの補強だったと思います。そしてワン＝ビサカは対人守備の強さはもちろん、チームの課題だった攻撃面も改善させましたし、ダニエル・ジェームズは後に転売して利益を出すことができました。これらを踏まえると、この夏の移籍は悪くなかったという印象です。マグワイアとワン＝ビサカは、後にビルドアップを整備しようとした際に大きな足枷《あしかせ》になったため、長期的に評価すると難しい部分もありますが。

また売却関連では、ロメル・ルカク（26）をインテルに7400万ユーロで売却しました。前年度スールシャールはルカクをウイングの位置で起用することが何度かあったのですが、それが本人の気分を害したようで、最終的には退団につながりました。ストライカーの位置で起用してもサイドに流れてからのクロスを送ることが多かったので、ウイング起用が悪かったわけではないのですが、本人のプライドもあったのでしょう。ただ近年のルカクの不調ぶりを見るかぎり、このタイミングでこの価格で放出できたのは、良い判断だったと言えるかもしれません。

話をこのシーズンに戻すと、序盤戦はなかなか調子が上がらず。開幕からの9試合はわずか2勝にとどまり、順位は14位とかなり苦戦します。10節の勝利をきっかけになんとか復調しましたが、下位相手の取りこぼしもあり、結局5位で冬の移籍期間に突入しました。

冬のマーケットでは、前線にケガ人が続出したこともあり、ローン移籍でオディオン・イガロ（30）を獲得します。正直に言うとワールドクラスのタレントと言うわけではありませんが、根っからのユナイテッドファンということ、そしてこのクラブでプレーすることを誰よりも喜んでいたこともあり、ファンからは何気に愛された選手ですね。リーグ戦は11試合に出場して得点こそなかったものの、ポストプレーで周りを生かし、ハードワークも欠かさない選手でした。ちなみにFAカップで3ゴールを記録しているため、このシーズンが完全に無得点だったわけではありません。当初、半年間のローンでしたが、さらに半年の契約延長を手にしています。

そして、ついにあの男が加入します。そう、ブルーノ・フェルナンデス（24）です。初日の練習からワン＝ビサカにアドバイスをしていたという逸話があるほど圧倒的なリーダーシップと、ワールドクラスのパス能力を持つポルトガルの司令塔。初出場となったウォルバーハンプトン戦から、チームはシーズン最後まで14試合負けなしと大躍進。最終的にブルーノはリーグ戦14試合で8ゴール7アシストを記録し、彼にボールを預ければ点が取れるというような状態でした。さらにアカデミーからはメイソン・グリーンウッド（17）が台頭します。シーズン序盤は途中出場が多かったものの、ブルーノ加入後は彼の影響もあり、後半戦12試合で6得点を記録してシーズン10ゴールの大台に乗せました。両足から放たれるシュートは正確無比で、10代にしてトップレベルの決定力を持つ才能溢れる選手でしたね。

またこのシーズン、序盤戦から好調だった点取り屋のアントニー・マルシャル（23）が、ブルーノというチャンスメイカーを味方にしたことで得点力が爆発。最終的にユナイテッドではキャリアハイのリーグ戦17ゴールを記録しています。

このようにブルーノ加入後からは、苦戦したシーズン序盤とは対照的に強さを見せて3位でフィニッシュ、ＣＬ出場権を確保しました。さらにマンチェスター・シティ相手には10年ぶりとなるシーズンダブルを達成。ＥＬ、ＦＡカップ、カラバオ・カップではベスト４に進出。まさにチームブルーノで結果を掴み取った19-20シーズンでした。

伊藤の一言

冬の移籍市場でアシュリー・ヤングが退団したため、入団半年のマグワイアが主将を務めることになりましたね。タイミング的にはブルーノが加入する前に決まったことで、この決定が後に、「マグワイアよりブルーノのほうが主将にふさわしいのでは？」という論争を生むことになります。最終的に23年夏にマグワイアは主将を剥奪されて、ブルーノがキャプテンになります。なんというかタイミングが悪かったですね。

「新星チェルシーの幕開け」

4位　チェルシー　監督：フランク・ランパード

このシーズンはチェルシーにとって大きな転換期になりました。前任のサッリ監督が退任し、クラブのレジェンド、フランク・ランパード（41）が監督に就任。さらに絶対的エースだったエデン・アザール（28）が退団しました。ただ新体制はかなり困難なスタートを切ることになります。18歳未満の海外移籍に関するＦＩＦＡ規則に違反したとして、19-20シーズンの移籍市場における補強禁止処分を受けていたからです。

補強が禁止される中でクラブの中心を担ったのはアカデミー出身の若い選手たちでした。なかでも目覚ましい活躍をしたのが、前季に2部のダービー・カウンティでランパードと共闘していたメイソン・マウント（20）です。このシーズンで出場しなかった試合はたったの2試合。ＣＬでは決勝トーナメントに進出し、ＦＡカップも決勝に進んだため、多くの試合をこなさなければならなかったチェルシーにとってこの活躍は素晴らしいものでしたね。リーグ戦では7ゴール5アシストの活躍を見せました。

前シーズンにアストン・ヴィラのプレミアリーグ復帰に大きく貢献したタミー・エイブラハム（21）の活躍も凄まじかったですね。チェルシーで主力として起用された初めてのシーズンながらリーグ戦15ゴール。なかでも印象に残っているのはアウェイでのウルブス戦で、ハットトリックを記録して大暴れしました。ちなみにプレチャンの記念すべき一本目の動画はこの試合のマッチレビューです。そしてリース・ジェームズ（19）もこのシーズンに飛躍しましたね。また、この年のプレシーズンでは来日して川崎フロンターレやバルセロナと対戦しました。しかし、新体制だったこともあり、当時Jリーグで最強と言われていた川崎に負けていました。

序盤こそ低調だったものの、補強禁止という逆境の中でクラブのレジェンドとアカデミー出身の若き戦士たちが力を合わせたことでチームは上向き、4位でシーズンを終えました。このシーズン、チェルシーはCL圏から外れると思っていたのでよく頑張ったなと思いましたし、これがランパード最後の功績でしたね。

「一時代の終わりと方向転換」

6位　トッテナム・ホットスパー　監督：マウリシオ・ポチェッティーノ／ジョゼ・モウリーニョ

18-19シーズンはAmazonのドキュメンタリー『All or Nothing』がクラブの裏側に密着していたことで有名ですよね。トッテナムは夏にタンギ・エンドンベレ（22）

をクラブレコードの移籍金でリヨンより獲得しました。技巧派のＭＦで大器を予感させる良い選手でしたが、チームにはうまくフィットできませんでした。ただ、これは同時期に加入のジオバニ・ロ・チェルソ（23）やライアン・セセニョン（19）らにも言えることです。放出面では1億ユーロに設定していたクリスティアン・エリクセン（27）に買い手がつかず、冬の移籍市場で市場価値を大きく下回る２７００万ユーロで売却。一方で、キーラン・トリッピアー（28）などは現金化に成功しました。

１億ユーロ以上を費やして期待の若手選手たちを迎えたわけですが、いざシーズンが始まると開幕12試合でわずか３勝と厳しいスタートを切りました。ＣＬでもホームでバイエルン・ミュンヘン相手に2-7の大敗を喫すると、その数日後にはウーゴ・ロリス（32）が長期離脱を余儀なくされます。まさに泣きっ面に蜂です。14位まで沈んだスパーズは5年間指揮を執ったマウリシオ・ポチェッティーノ（47）の解任に踏み切るのですが、なんとも悲しい終わり方でした。解任のタイミングが代表期間中だったので、アルゼンチン人監督は選手らに直接別れを告げることができなかったのです。クラブは翌朝にはジョゼ・モウリーニョ（56）の新監督就任を発表して、長期戦略から短期間で優勝を目指す方向へと舵を切りました。

スペシャルワンの任命でなんとか持ち直したスパーズですが、なんと言っても衝撃的だったのは16節のバーンリー戦。ソン・フンミン（27）が決めたゴールですよね。自陣のペナルティーエリア前から独走でネットを揺らして、２０２０年のプスカシュ賞を受賞しています。すごすぎてちょっと理解が及ばないというか、そういうレベルのゴールでした。ただ、持ち直したといえども国内カップ戦はどれも早々に敗退。CLでもラウンド16でライプツィヒ相手に負けています。この時期はハリー・ケイン（26）、ソン・フンミン、ムサ・シソコ（29）ら主力選手の負傷が重なり、けっこうボロボロでしたね。幸か不幸かリーグ戦に全集中できたスパーズはラスト9試合で5勝を記録し、6位でシーズンをフィニッシュ。滑り込みで欧州カップ戦への出場が決定しました。全体としてみれば散々なシーズンでしょうが、後半戦はうまく翌シーズンに向けた準備ができたのではないでしょうか。

伊藤の一言

冬のマーケットではPSVアイントホーフェンからステーフェン・ベルフワイン（21）を獲得していますね。加入から数日でマンチェスター・シティ相手に先発して鮮やかなデビューゴールを決めたのを覚えています。デビューからホームで3試合連続得点を記録するなど良い選手ではありましたが、やはり他の新加入選手と同様にトッテナムではうまくフィットできませんでしたね。

「待ち受ける試練の数々を乗り越えた先に」

8位　アーセナル　監督：ウナイ・エメリ／フレドリック・ユングベリ／ミケル・アルテタ

いろんなことが起きた事件まみれのシーズンでした。キャプテンのローラン・コシールニー（33）の退団から始まった移籍市場では、ダビド・ルイス（32）やキーラン・ティアニー（22）といった新たなDFリーダーを獲得。さらに当時クラブ市場最高額となる8000万ポンドでニコラ・ペペ（24）をチームに加えています。正直、ペペの補強は失敗に終わるのですが、代わりにファンに衝撃を与えたのがブラジル4部からやってきた謎の少年ガブリエウ・マルティネッリ（18）でした。いきなりシーズン10ゴール4アシストの大活躍をしたマルティネッリは、ニコラ・アネルカ以来1シーズンに10ゴールをあげた10代の選手となっています。24節チェルシー戦ではエンゴロ・カンテ（28）をスリップさせて独走弾を決めたことで有名ですね。

またブカヨ・サカ（17）が台頭し始めたシーズンでもあります。シーズン中盤にティアニーとセアド・コラシナツ（26）がケガで離脱してしまったことで左SBが不在となり、サカが抜擢されました。不慣れなポジションながら、一番うまいのではないかと言わしめるほどの実力を示し、シーズン4ゴール12アシストを記録しています。

しかしながらこのシーズンは事件が相次いで起こります。5節のワトフォード戦で被シュート31本という一方的な試合をされてしまうのです。そこから負の連鎖は止まらず、8節にボーンマスを相手に1-0で勝利した後は、地獄の「2ヶ月間勝利なし」が始まります。その間にはキャプテンだったグラニト・ジャカ（26）が交代時にブチギレてファンと衝突してしまい、キャプテンを剥奪される事件も発生しています。

13節のサウサンプトン戦では96分にアレクサンドル・ラカゼット（28）が最後の最後に1点取るのですが、一切喜ばないのです。いかにチーム状況が良くなかったのかがうかがえますね。その後のELグループステージ、フランクフルト戦で鎌田大地《かまだだいち》（23）に2ゴールを決められて逆転負けを喫し、エメリ監督は解任されました。

その後、フレドリック・ユングベリ（42）が暫定監督となりました。結果を残したわけではありませんが、辛い時期をよく繋いでくれましたね。ただ18節のエヴァートン戦がある意味面白いんですよ。枠内シュートがアーセナルの2本だけで、全然面白くない地獄のような試合だったのです。実はエヴァートンのダンカン・ファーガソン監督も暫定だったので、両チームともに暫定監督でお互いに仲良く駄目だねという感じでした。

その後、マンチェスター・シティでジョゼップ・グアルディオラ監督のアシスタントコーチを務めていた、ミケル・アルテタ（37）を新監督に招聘。アルテタはペップの下で学んでいたとはいえ、監督経験がなく、ある意味この人事は賭けだったと思います。当時のアーセナルはスカッドのバランスが悪く、アルテタ新体制でも問題は山積みでした。そして30節のブライトン戦で事件が起こります。GKベルント・レノ（27）を負傷させ、アーセナルに痛恨の敗戦をもたらしたニール・モペイ（22）の首にマテオ・ゲンドゥージ（20）が摑みかかってしまったのです。FAからの罰則こそなかったものの、ゲンドゥージはこの試合を最後に起用されなくなりました。

そんなこんなで事件が相次ぎましたが、すでに名将の雰囲気を漂わせるアルテタ監督の下で、絶好調のエース、ピエール＝エメリク・オーバメヤン（30）が神がかった活躍を見せ、アーセナルはFAカップを優勝。当時は5バックでしっかり守ってカウンターするスタイルで戦っており、後に見せるポゼッションとハイプレスを融合したアグレッシブなサッカーは見る影もありません。今思うと、このシーズン時点の戦力では、この受け身な戦い方しかできないという、現実的な判断をした結果なのでしょう。

いずれにしてもこのシーズンは紆余曲折ありましたが、久しぶりにタイトルを獲得できて、終わりよければすべてよしというシーズンでしたね。

〈2019-2020シーズン順位表〉

順位	クラブ	試合	勝	分	敗	得点	失点	差	勝点
1	リヴァプール	38	32	3	3	85	33	52	99
2	マンチェスター・シティ	38	26	3	9	102	35	67	81
3	マンチェスター・ユナイテッド	38	18	12	8	66	36	30	66
4	チェルシー	38	20	6	12	69	54	15	66
5	レスター・シティ	38	18	8	12	67	41	26	62
6	トッテナム・ホットスパー	38	16	11	11	61	47	14	59
7	ウォルヴァーハンプトン・ワンダラーズ	38	15	14	9	51	40	11	59
8	アーセナル	38	14	14	10	56	48	8	56
9	シェフィールド・ユナイテッド	38	14	12	12	39	39	0	54
10	バーンリー	38	15	9	14	43	50	-7	54
11	サウサンプトン	38	15	7	16	51	60	-9	52
12	エヴァートン	38	13	10	15	44	56	-12	49
13	ニューカッスル・ユナイテッド	38	11	11	16	38	58	-20	44
14	クリスタル・パレス	38	11	10	17	31	50	-19	43
15	ブライトン＆ホーヴ・アルビオン	38	9	14	15	39	54	-15	41
16	ウェストハム・ユナイテッド	38	10	9	19	49	62	-13	39
17	アストン・ヴィラ	38	9	8	21	41	67	-26	35
18	ボーンマス	38	9	7	22	40	65	-25	34
19	ワトフォード	38	8	10	20	36	64	-28	34
20	ノリッジ・シティ	38	5	6	27	26	75	-49	21

（参照：FLASHSCORE）

20/21シーズン雑談配信 ※映像なし

15万回視聴　4年前　999　共有

上位のチャットのリプレイ

りょー　1番人気は相変わらずシティで他者を寄せ付けず

伊藤　去年はさすがに厳しかったけど順当にいけば今年はね

りょー　リヴァプールが1番人気だと思ったけどね……あれだけ強かったのに、さらにジョタとかチアゴ獲ってるし

伊藤　3番人気にチェルシーか

りょー　補強なしでCL出場をやり遂げたし、いかつい補強も敢行してるからね

伊藤　4番人気ユナイテッド、5番人気トッテナム、断トツの6番人気がアーセナル……FA獲ったのに6番人気だなんて……

りょー　アルテタがどこまでやれるのか期待だね

「ギュンドアンの覚醒とカンセロロール。初のCL決勝の舞台へ」

♛1位　マンチェスター・シティ

監督：ジョゼップ・グアルディオラ

このシーズンは新型コロナウイルス感染拡大の影響で、プレミアリーグ開幕が9月、移籍市場が10月まで開いていた変則的な年でしたね。マンチェスター・シティは昨シーズン失速の原因だったCB不在の層の薄さを解決するために、移籍市場で精力的に動きました。具体的にはルベン・ディアス（23）をベンフィカから7160万ユーロで、ボーンマスからナタン・アケ（25）を4530万ユーロで獲得しています。彼らは共にシティで長く戦力になる存在ですが、特にディアスは加入後即フィットするどころか、新しい環境でもいきなりリーダーシップを発揮して圧倒的な存在感を示しました。彼の加入前、3節のレスター戦では2－5で大敗

しましたが、ディアス加入以降は大崩れすることがなくなりました。

もう一人大型補強で言うと、バレンシアからアタッカーのフェラン・トーレス（20）を3300万ユーロで獲得。前線ならどこでもプレーできる万能型のテクニシャンです。ダビド・シルバ（34）から背番号「21」を継承したスペイン人は、1年目では途中出場中心でしたが、24試合に出場して7ゴールを決めるなど、まずまずの活躍を見せました。ただ彼は翌シーズンの冬に退団してしまい、在籍期間が1年半と短かったので思い出も少ないですね。バルセロナが5500万ユーロで買ってくれたので、財政的には大きく黒字となりました。

さてこのシーズンの代名詞はなんと言っても、「カンセロロール」でしょう。単純にジョアン・カンセロ（26）を偽SBとして起用しただけなのですが、従来のような中盤低めの位置でビルドアップに関与する偽SBとは違い、ポルトガル代表DFは縦横無尽に様々なエリアに顔を出して攻撃に関わったことで、世界中に大きなインパクトを与えました。その結果、このシーズン以降、偽SBのことは、カンセロロールと呼ばれるようになっていきます。

このシーズンはまた、イルカイ・ギュンドアン（30）の得点力が覚醒したシーズンでもあります。と言うのも、これまでのドイツ代表MFは加入4シーズンのリーグ戦合計得点数が15ゴールだったのですが、このシーズンだけで13ゴールを記録。特に年末からの覚醒ぶりが凄まじく、12月中旬から2月中旬にかけての12試合で11ゴールを記録しています。しかも上位陣のリヴァプールとトッテナムからそれぞれ2点ずつ得点しているのです。印象的だったのは、3-0で勝利した24節のスパーズ戦で決めた3点目のゴールでしょうか。エデルソン（26）からのロングボールに抜け出して決めたゴールは、もはや完全にストライカーの得点。あまりにもすごすぎて爆笑してしまったことを覚えています。

このシーズンは、セルヒオ・アグエロ（32）がラストの年で、彼はもうほとんど稼働していませんでした。リーグの出場数は12試合、プレータイムは558分です。ただチームは、ケヴィン・デ・ブライネ（29）やフィル・フォーデン（20）が偽9番として頑張っていたこと、そして前述のギュンドアン覚醒などもあったので、前年と変わらない得点力を維持して年間83ゴール。近年のシティにしてはやや少ないですが、このシーズンのクラブの中では最も得点数が多い結果となっています。最終的に2位のマンチェスター・ユナイテッドとは勝ち点を12も引き離して、余裕の優勝を成し遂げています。

一方、CLでも順当に勝ち上がっており、決勝トーナメント以降はボルシア・メンヘングラッドバッハ、ドルトムント、パリ・サンジェルマンを倒して決勝にまで進出します。このまま行けばシティが優勝しそうな展開だったのですが、決勝のチェルシー戦でジョゼップ・グアルディオラが何を考えたのか、ロドリ（24）をスタメンから外してギュンドアンをアンカー起用するという奇策に出ます。そして、これが大外れ。「なんで!?」というのが率直な感想です。シーズンラストの敗戦さえなければ、ほぼ完璧なシーズンだっただけに、残念でしたね……。

伊藤の一言

アグエロの退団は悲しかったですね。２０１１年から10年間シティに在籍して、３９０試合出場２６０ゴール。すごすぎます。ラストシーズンはあまり出場できませんでしたが、最終節のエヴァートン戦では26分間プレーしてちゃっかり2ゴールを記録しています。コロナ禍のため観客の人数制限がかかっていて、１万人しか観客はいませんでしたが、ホームサポーターの前でしっかり得点を決めたのはさすがです。

「スールシャール全盛期、しかし優勝には届かず」

2位　マンチェスター・ユナイテッド　監督：オーレ・グンナー・スールシャール

このシーズンの移籍市場でのターゲットは、ドルトムントで飛躍したジェイドン・

サンチョ（20）でした。しかし、この年にはイングランドの至宝を獲得することはできず、貴重な夏の移籍市場の時間を使いすぎてしまうことに。最終的には前シーズン、アヤックスの躍進を支えたドニー・ファン・デ・ベーク（23）を3900万ユーロで獲得します。ただポジションが被るブルーノ・フェルナンデス（26）やポール・ポグバ（27）らの壁は高く、まとまった出場機会を得ることができませんでした。他にもエディンソン・カバーニ（33）、アレックス・テレス（27）、ファクンド・ペリストリ（18）、冬にはアマド・ディアロ（18）を獲得します。カバーニやディアロはピンポイントでは活躍していますが、長期的に活躍した選手はおらず、この夏の補強はうまくいかなかったと言えるでしょう。

また放出で言うと、前年からローマにローン移籍していたクリス・スモーリング（30）を、1500万ユーロでそのままローマに売却しています。

そんな中で迎えた開幕戦はホームでクリスタル・パレスに敗戦。さらに開幕3試合目のトッテナムにも1－6で大敗し、この年も開幕ダッシュに失敗しました。このスパーズとの一戦では、アントニー・マルシャル（24）がエリク・ラメラ（28）と揉めてレッドカードで退場となりましたが、かなり微妙な判定だったことで話題になりましたね。マルシャルは確かにラメラのあごを軽くこづいていましたが、その前にラメラも肘でフランス代表ＦＷの顔を押していました。

そして、ＣＬでもグループ最弱と思われていたトルコのイスタンブール・バシャクシェヒルに敗れ、スールシャール解任論が噴出します。しかし、ここから解任ブーストがかかったかのように復調。一時は首位に躍り出ます。その後はマンチェスター・シティに首位を譲りますが、勢いは衰えず。最終的にはリーグ戦アウェイゲーム無敗を達成（19-20シーズン途中から21-22シーズン途中まで29試合連続で負けず、プレミアリーグのアウェイゲーム連続無敗記録を樹立）し、２位でシーズンを終えます。

さらにＣＬで敗退して臨むことになったＥＬでは決勝まで進出。決勝ではビジャレアルに10-11というカオスなＰＫ戦の末に敗れますが、監督解任論まで出たシーズン序盤からは想像できない結果になりました。

この年はワン＝ビサカ（22）、ヴィクトル・リンデロフ（26）、ハリー・マグワイア（27）、ルーク・ショー（25）らの強固な４バックと、スコット・マクトミネイ（23）、フレッジ（27）のダブルボランチが奮闘。ポグバの左ウイング起用もハマりました。ビルドアップの形がないという、構造的な問題を抱えながらも選手たちがスールシャールの下でのびのびとプレー。彼らしいサッカーで、スールシャール政権での最高成績を叩き出しました。

「さらなるポゼッション化を目指すもCBにケガ人続出」

3位　リヴァプール　監督：ユルゲン・クロップ

悲願のプレミアリーグ優勝を成し遂げたリヴァプールは、さらなる進化を目指して、ディオゴ・ジョタ（23）を4470万ユーロで、チアゴ・アルカンタラ（29）を2200万ユーロで、コスタス・ツィミカス（24）を1300万ユーロで獲得して戦力の上積みを図ります。逆にデヤン・ロブレン（31）、アダム・ララーナ（32）など一時代を支えた選手たちを放出。南野拓実（25）も冬にサウサンプトンにローン移籍して、チェルシーを相手に点を決めるなど活躍しましたね。

さて補強の話に戻すと、特にチアゴの獲得は印象的で、リヴァプールがよりポゼッションサッカーへ舵を切ろうとする意思を感じました。ただ現実はそううまくもいかず。というのもCBにケガ人が続出してしまい、守備が安定せず、攻撃の進化どころの騒ぎではなくなってしまったのです。まずはフィルジル・ファン・ダイク（29）が5節のマージーサイド・ダービーで、ジョーダン・ピックフォード（26）と接触して前十字靭帯を損傷してシーズンアウト。ジョー・ゴメス（23）も代表戦の練習で負傷して11節以降出場不能に。挙句の果てには前半戦から断続的にケガを繰り返してきたジョエル・マティプ（28）も、20節のトッテナム戦の負傷でシーズン内の復帰ができないことに。17節のサウサンプトン戦や、19節のマンチェスター・ユナイテッド戦ではジョーダン・ヘンダーソン（30）とファビーニョ（26）のボランチコンビがCBを務めることになりました。最終的には、アカデミー出身のナサニエル・フィリップス（23）がある程度は計算できるようになったこと、また同じくアカデミー出身のリース・ウィリアムズ（19）と、緊急で冬にローンで獲得したオザン・カバク（20）らで急場をしのぎました。ただ正直に言うと、彼らはプレミアリーグで優勝を狙うクラブで出場できるレベルではなく、22節から25節にかけて4連敗を喫するなど、苦しいシーズンとなりました。

しかし、最終ラインに難を抱えながらも終盤戦には復調して、最後は5連勝でシーズンを締めくくります。その中には37節の伝説のウェストブロム戦も含まれます。この試合は15分にハル・ロブソン＝カヌー（31）に得点を許すものの、33分にモハメド・サラー（28）、そして95分にGKアリソン（27）がヘッドで得点を決めてまさかの逆転勝利を収めました。その結果、これだけボロボロのシーズンにもかかわらず、奇跡の3位でシーズンを終えています。

ただホームの魔境アンフィールドで6敗も喫するなど、ホームでの弱さも見せました。リヴァプールファンにとっては嫌な記憶が多いシーズンだったかもしれません。

「怒涛の夏補強と監督交代劇からのCL優勝」

4位　チェルシー　監督：フランク・ランパード／トーマス・トゥヘル

他のクラブがコロナ禍の影響による収入減で積極的な移籍補強に動けない中、前季に移籍禁止処分によって資金が溜まっていたチェルシーは、この夏には積極的に移籍補強に動きます。ライプツィヒからティモ・ヴェルナー（24）、アヤックスからハキム・シエシュ（27）、レスターからベン・チルウェル（23）、パリ・サンジェルマンからチアゴ・シウバ（35）、レンヌからエドゥアール・メンディ（28）、レバークーゼンからカイ・ハヴァーツ（21）と大金をはたいて選手を獲得。

しかし、そんな補強とは裏腹にチームは不調に陥ってしまいます。19節を終えて8勝5分6敗で9位。この結果を受けてランパード監督は解任となってしまいます。解任前ラストマッチのFAカップのルートン・タウン戦で、愛弟子のメイソン・マウント（21）にキャプテンマークを巻かせたシーンは非常に印象的でした。

シーズン途中で、２０２０年末にパリ・サンジェルマンを解任されていたトーマス・

トゥヘル（47）が後任監督として就任。就任後リーグ戦10試合無敗を維持し、崩壊していた守備を立て直したことがチームの復調に繋がっていきます。19試合で11勝5分3敗と途中就任ながらチームを見事に立て直しました。勝ち点こそ離れていましたが、チームの強さ的にはマンチェスター・シティとマンチェスター・ユナイテッドと三つ巴の感じがありましたね。結果的にリーグ戦も4位でフィニッシュしましたし、ＦＡカップは惜しくも優勝とはなりませんでしたがファイナルまで勝ち進みました。

そしてなんと言ってもこのシーズンといえば、ＣＬ優勝ですよね。監督交代してからラウンド16のアウェイ、アトレティコ・マドリード戦でしたが、オリビエ・ジルー（33）のスーパーゴールで見事に勝利。その後はポルトの2ndレグこそ敗戦したものの、セミファイナルでレアル・マドリードにも勝ち、ファイナルへと駒を進めました。

そして決勝はシティとの一戦でした。何と言っても決勝点になった先制のシーンですよ。ヴェルナーの斜めのランニングで開けたスペースに、マウントが完璧なパスを通して、抜け出したハヴァーツがＧＫを交わして冷静にゴール。先制後は持ち前の堅守を存分に発揮して見事にシティを退け、優勝を決めました。

「予期せぬタイミングでモウリーニョと決別」

7位　トッテナム・ホットスパー　監督：ジョゼ・モウリーニョ／ライアン・メイソン

前年就任したジョゼ・モウリーニョ監督（57）の2シーズン目でした。長年バックラインを支えたヤン・フェルトンゲン（33）が退団し、世代交代を図るためスウォンジーからジョー・ロドン（22）を獲得。また、サウサンプトンからピエール・エミール・ホイビュア（24）、レアル・マドリードからセルヒオ・レギロン（23）、ウォルバーハンプトンからマット・ドハーティ（28）など即戦力を補強しました。1シーズン限りのローンでレアル・マドリードからガレス・ベイル（31）が帰還し、リーグ戦11得点の活躍を見せたのも印象的です。1660万ユーロとバーゲン価格で加入したホイビュアは、初年度からチームの中心選手として全試合に出場し躍動しました。ただ総額1億1000万ユーロを投じた移籍市場としては、成功とは言い難いと思います。

リーグ戦では、マンチェスター・ユナイテッドに6−1の大勝を飾るなど、12節終了時には首位に立ちます。ところが、13節以降の強豪チームとの連戦で連敗を喫し、大きく順位を落としました。

ＥＬでもラウンド16でディナモ・ザグレブに逆転負けを喫し敗退してしまいます。

試合後の記者会見でモウリーニョは、選手たちの試合に臨む姿勢を批判しクラブに悪い雰囲気が漂い始めました。そして、マンチェスター・シティとのカラバオ・カップ決勝直前にモウリーニョは解任となります。後任は暫定監督としてクラブOBのライアン・メイソンが務め、最終的にはリーグ7位でシーズンを終えました。モウリーニョはその後記者会見で「唯一愛情を抱けなかったクラブがトッテナムだ」とコロナ禍の影響で有観客の試合ができない情勢と、自らへの厳しい処遇についての不満を語りました。

後任のメイソンも特に印象なく残りの試合を淡々と消化して、次季への準備をしているような印象でした。特にカラバオ・カップ決勝は、守備面でこそ奮闘したものの、打ったシュートは2本のみと王者マンチェスター・シティに完膚なきまでに叩きのめされます。07-08シーズンのEFLカップ以来のタイトルとはなりませんでした。

このシーズンの印象的な試合は28節アウェイのノースロンドン・ダービーですね。ソン・フンミン（28）の負傷に代わって入ったエリク・ラメラ（28）が、このシーズンのプスカシュ賞に選ばれるラボーナミドルを決めた後、ティアニーに肘打ちをお見舞いし退場していきました。試合も逆転を許して敗北、と稀にみる珍試合でしたね。

2節のサウサンプトン戦も衝撃的な内容でした。ソンとハリー・ケイン（27）の黄金コンビを中心とした攻撃陣が爆発し、ソンが4ゴールを記録したんです。しかもケインがすべての得点をアシスト。のちにプレミア記録を打ち立てるコンビのセンセーショナルな瞬間でした。

「新星の登場、復活の前触れ」
8位　アーセナル　監督：ミケル・アルテタ

この頃のアーセナルは19-20シーズンに引き続き、ピッチ内外で問題が山積みでした。ソクラティス・パパスタソプーロス（32）やシュコドラン・ムスタフィ（28）、メスト・エジル（31）らをフリーで放出。新たな体制に向けて、売れなくても良いからとにかく人員を整理しようとしています。

獲得面では、今のアーセナルを支えるトーマス・パーティ（27）を5000万ユーロで、ガブリエウ・マガリャンイス（22）を2600万ユーロで獲得。冬にはマルティン・ウーデゴール（21）をローンで獲得しましたが、これらは大成功でしたね。ただチエルシーからフリーで獲得したウィリアン（32）は予想外にも失敗に終わりました。ブルーズで見せていた印象的なプレーの片鱗を見せることなく、シーズン1ゴールという残酷な結果で終わっています。

シーズンの始まりを告げるコミュニティシールドでは、当時最強のリヴァプールに打ち勝ったことで幸先よくスタートダッシュを切ったと思われました。ところがそう簡単ではありませんでした。8節のアストン・ヴィラ戦以降7戦未勝利で、またしても約2ヶ月勝利なしという苦しい時期を過ごすことになります。

転機が訪れたのは15節のチェルシー戦でした。アルテタ監督はヘイルエンド育ちのエミール・スミス＝ロウ（20）を先発に選びました。スミス＝ロウはブカヨ・サカ（18）、ガブリエウ・マルティネッリ（19）と共に2列目を組んでビッグロンドン・ダービーに挑み、3-1の勝利に大きく貢献。若い力の台頭で風向きが変わったアーセナルは、怒涛の3連勝で7戦無敗と勢いに乗りました。

ですがその後の22節ウルブス戦ではダビド・ルイス（33）が何もしていないのに退場。さらにはベレント・レノ（28）がペナルティーエリア外でボールをパンチングして退場となってしまい、9人で戦うはめに。最終的に奮わず、8位でシーズンを終えました。この時期はアルテタ解任派のファンも多かったのではないでしょうか。

〈2020-2021シーズン順位表〉

順位	クラブ	試合	勝	分	敗	得点	失点	差	勝点
1	マンチェスター・シティ	38	27	5	6	83	32	51	86
2	マンチェスター・ユナイテッド	38	21	11	6	73	44	29	74
3	リヴァプール	38	20	9	9	68	42	26	69
4	チェルシー	38	19	10	9	58	36	22	67
5	レスター・シティ	38	20	6	12	68	50	18	66
6	ウェストハム・ユナイテッド	38	19	8	11	62	47	15	65
7	トッテナム・ホットスパー	38	18	8	12	68	45	23	62
8	アーセナル	38	18	7	13	55	39	16	61
9	リーズ・ユナイテッド	38	18	5	15	62	54	8	59
10	エヴァートン	38	17	8	13	47	48	-1	59
11	アストン・ヴィラ	38	16	7	15	55	46	9	55
12	ニューカッスル・ユナイテッド	38	12	9	17	46	62	-16	45
13	ウォルヴァーハンプトン・ワンダラーズ	38	12	9	17	36	52	-16	45
14	クリスタル・パレス	38	12	8	18	41	66	-25	44
15	サウサンプトン	38	12	7	19	47	68	-21	43
16	ブライトン＆ホーヴ・アルビオン	38	9	14	15	40	46	-6	41
17	バーンリー	38	10	9	19	33	55	-22	39
18	フラム	38	5	13	20	27	53	-26	28
19	ウェスト・ブロムウィッチ・アルビオン	38	5	11	22	35	76	-41	26
20	シェフィールド・ユナイテッド	38	7	2	29	20	63	-43	23

（参照：FLASHSCORE）

21/22シーズン雑談配信 ※映像なし

20万回視聴　3年前　999　共有

上位のチャットのリプレイ

りょー　1番人気はシティで、2番人気はチェルシー

伊藤　チェルシーはCL優勝とルカクの獲得ですか

りょー　リヴァプールとシティの2強に割って入ってきたね

伊藤　3番人気はリヴァプール、4番人気はユナイテッド

りょー　ユナイテッド4番は意外と低くない？　去年リーグ2位で、ロナウド、サンチョ、ヴァラン獲得してるのにね スールシャール監督を信じきれてない人たちがいっぱいいるのかも

伊藤　6番人気にアーセナル！　冨安、ラムズデール、ホワイトとかバックスを補強してるね

りょー　2年連続8位フィニッシュなので再起を図りたい！

「プレミア2連覇、10年前を彷彿とさせる逆転優勝」

1位　マンチェスター・シティ

監督：ジョゼップ・グアルディオラ

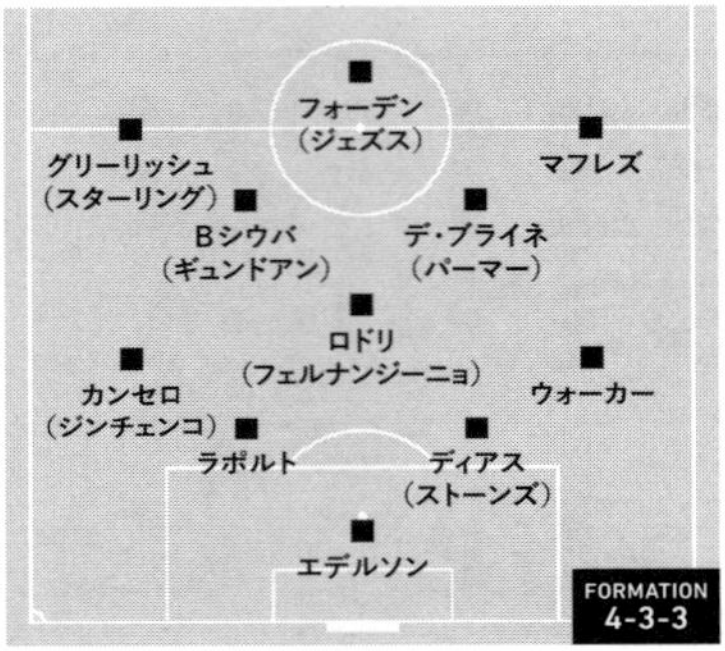

毎年、大型補強を続けて強くなってきたシティですが、この年の夏は珍しくジャック・グリーリッシュ（25）の一本釣りのみ。こう言うとお金を使っていないように聞こえますが、この一人に1億ポンドをかけているので、節約したわけではありません。この移籍金は当時のイングランドのクラブ史上最高額（後にエンソ・フェルナンデスが更新）でした。ただピンポイントでそのくらいのお金をかけても問題ないほどに、スカッドが完成してきています。また冬には先行投資も兼ねて、フリアン・アルバレス（21）を2140万ユーロで獲得しています。

そんなチームの完成度とは裏腹に、開幕戦のアウェイ、トッテナム戦は0-1で敗戦。

珍しく黒星スタートとなりました。とはいえカウンターをくらう回数が多かったので、妥当な結果かもしれません。攻撃面でもラヒーム・スターリング（26）がジャフェット・タンガンガ（22）をまったく抜けず、苦しんでいました。どうにもシティはトッテナムが苦手なようで、26節ホームのスパーズ戦も2–3で敗戦を喫しています。

ただしリーグ戦での負け数はわずか3回。あとの1回は同じく苦手とする、10節のクリスタル・パレス戦です。ウィルフレッド・ザハ（28）とコナー・ギャラガー（21）に決められて0–2で敗れています。

このシーズンは、アーリング・ハーランド（21）がシティに来る前年で、いろんな選手がワントップを務めています。ケヴィン・デ・ブライネ（30）、フィル・フォーデン（21）、ベルナルド・シウバ（26）、コール・パーマー（19）、ガブリエウ・ジェズス（24）、リヤド・マフレズ（30）、そしてスターリング。その結果、リーグ戦ではデ・ブライネが15ゴール、スターリングが13ゴール、マフレズが11ゴール、イルカイ・ギュンドアン（30）、シウバ、ジェズスが8ゴール、ロドリ（25）が7ゴールを記録。様々なエリアから様々な選手が得点を決めるシーズンでした。

なお全大会で言うとマフレズが得点を量産しています。ＰＫキッカーだったこともあり、リーグ11ゴールに加えて、ＦＡカップで４ゴール、カラバオ・カップで２ゴール、CLで7ゴールを決めており、合計24ゴールも決めています。
いずれにしても、全員で得点をあげながら勝ち点を積み重ねていき、11月に首位に立つとシーズン終盤までその座を譲らず、連戦連勝。最終的に3月以降は11戦9勝2分の無敗で乗り切り、リヴァプールとの優勝争いを勝ち点差1で制してプレミアリーグ連覇を成し遂げるのです。

なお、順位表の推移だけを見ると、首位をまったく譲らず優勝を成し遂げているように見えるのですが、実はギリギリの戦いも多かったです。特にラスト2節。勝ち点差3という、負ければ追いつかれるギリギリの状態で迎えた37節ウェストハム戦。ジャロッド・ボーウェン（24）に2点決められて、0-2の苦しい展開を迎えます。しかし49分のグリーリッシュの得点と69分のオウンゴールで追いつくことに成功して首位を堅持。86分のPKでマフレズが決めていれば文句なしだったのですが、勝ち越しには失敗します。

こうして終盤にもつれた優勝争いは最終節の結果に委ねられます。ラストマッチは、ホームのアストン・ヴィラ戦です。絶対に負けられない一戦で、シティはまたもや37分にマティ・キャッシュ（23）、69分にフェリペ・コウチーニョ（29）に決められて2点ビハインドの状態に陥ります。このまま負ければ優勝を逃す展開の中、チームを救ったのは二人の中盤でした。

76分にギュンドアン、78分にロドリ、81分に再びギュンドアンが決めてわずか数分で逆転に成功。ギリギリの戦いを制して勝ち点3をゲットして、リヴァプールを突き放すことに成功したのです。

この終盤戦の展開は、劇的な初優勝を彷彿させる奇跡のような得点の連続でしたね。

2位　リヴァプール　「儚《はかな》く散った四冠の夢」

監督：ユルゲン・クロップ

前季のCB壊滅状態を受け、この夏はイブラヒマ・コナテ（22）を4000万ユーロで獲得。守備陣の補強に乗り出しました。ただ決して悪いことではないのですが、フィルジル・ファン・ダイク（30）が復帰した上に、本来ケガがちで稼働率の悪いジョエル・マティプ（29）がこのシーズンは31試合に出場し、コナテをベンチで余らせる贅沢なシーズンとなりました。夏の補強はこれだけだったのでファンは不満だったでしょうが、すでにスカッドが完成していたこともあり、フロントとしてはこれで十分という判断だったのでしょう。

ただふたを開けてみると、年内のリヴァプールはウエストハムやレスターに負けた上に、5回も引き分けてしまうなど、取りこぼしが目立つ展開になりました。2位を維持したものの、年明けの時点ではマンチェスター・シティとの勝ち点は10以上離されて、リーグ優勝はノーチャンスという展開になります。

しかし年明け以降リヴァプールは覚醒します。年始一発目のチェルシー戦こそ引き分けますが、そこから怒涛の10連勝。アフリカネーションズカップで1ヶ月ほどモハメド・サラー（29）とサディオ・マネ（29）が抜けましたが、その穴を感じさせませんでした。

なおこの大会の決勝はセネガル対エジプトというリヴァプールのエース対決が実現。3月に行われたカタールW杯予選でも両国が対戦し、どちらもPK戦の末にセネガルが勝利。マネがアフリカ王者とW杯出場という最高の結果を得た一方で、失意の大きいサラーは調子を落とすというトラブルに見舞われましたが、その分マネが絶好調。CFのポジションでプレーして、得点を量産します。加えて冬には5000万ユーロをかけて獲得したルイス・ディアス（24）が即フィット。リーグ戦では年明け以降、連戦連勝でシティを猛追しました。

そんな中、2月に行われたカラバオ・カップ決勝のチェルシー戦では、0-0で延長戦を終えてＰＫ戦に突入。11-10の大激戦を制して優勝が決定します。その後もゆるまず、勝ちを重ねたリヴァプールは、５月初旬の時点では2位につけて優勝圏内。ＦＡカップもＣＬも決勝に進出して、史上初となる四冠という偉業達成目前にまで近づいていました。こうして迎えた5月中旬、ＦＡカップ決勝では再びチェルシーを相手にＰＫ戦を制して優勝。まずは国内カップ二冠を成し遂げます。

「次はリーグ戦最終節で、勝ち点差1の状態からシティに逆転する」そうリヴァプールファンの多くが信じていたはずです。しかも運命的なことに、シティの対戦相手アストン・ヴィラはリヴァプールのレジェンド、スティーブン・ジェラード監督（41）が率いており、さらにスカッドにはリヴァプール元エースのフィリペ・コウチーニョ（29）がいました。「ＯＢ勢の活躍でシティが勝ち点を落とし、リヴァプールが優勝する」そんな青写真を描いていたのです。

ただこれは荒唐無稽な妄想というわけではありません。事実、最終節の69分の時点ではシティはそのコウチーニョに点を決められて、0-2で負けていたのです。

しかしサッカーの神様は気まぐれなのか。リヴァプールは年明けの21節からの18試合を15勝３分の無敗でシティにプレッシャーをかけ続けていたものの、この最終節、シティは土壇場で逆転勝利してポイントを落とさず。リヴァプールは目前にまで迫ったプレミアリーグ優勝を逃してしまったのです。勝ち点92もあったのに。

「それでもせめてＣＬのタイトルを！」と多くのファンは考えていたでしょう。ところが、一度崩れた流れは取り戻せないものなのか、ＣＬも最後の最後で獲り逃すことに。対戦相手は、準優勝に終わった17-18シーズンと同じレアル・マドリード。ブラジル代表ＦＷヴィニシウス（21）の一発に泣き、攻撃陣はティボー・クルトワ（29）相手に放った9本の枠内シュートをすべて止められて、0-1で今回も敗戦しました。結局、国内カップ戦二冠のみという結果に終わったのです。

国内カップ戦二冠はもちろん悪い結果ではありません。ＦＡカップの優勝は16年ぶりですしね。ただし一度夢見た四冠という栄光を、シーズンラストの1週間で一気に二つも失ったため、喪失感は大きかったのではないでしょうか。

伊藤の一言

この年はマネのラストシーズンになりましたね。セネガル代表FWは在籍した6年間はリーグ戦で常に二桁得点を記録し、年間リーグ平均得点は15点という安定したパフォーマンスを披露しました。彼の献身的な守備と、攻撃時の躍動感がなければ、クロップの数々の伝説はなかったと言っても過言ではありません。間違いなくレジェンドのうちの一人です。

「ルカク加入も悲願のリーグ優勝は果たせず」

3位　チェルシー　監督：トーマス・トゥヘル

このシーズンはなんと言っても、インテルで大爆発していたロメル・ルカク（28）の加入ですね。前年度はリーグ戦24ゴール11アシストを記録しており、当時のクラブ最高額の９７５０万ポンド（当時の日本円で約１４９億円）と鳴り物入りで加入しました。ストライカーに不安要素があったチェルシーからすると、まさにリーグ優勝に向けたラストピースを獲得した感じですね。

リーグ戦序盤では相手の脅威となる活躍を見せます。２節のアーセナル戦では早速ゴールを決めていましたし、６節のマンチェスター・シティ戦は伊藤的に「このシーズンのシティで最高の試合」と称していますが、そんな試合の中でも脅威になり続けていました。ところが、決定機を外すシーンが目立ったり、無断でイタリアメディアに自身の境遇について不満を語ったりと、負傷もあって出場機会は減っていき、26節のクリスタル・パレス戦では、先発フル出場ながらボールタッチ数はわずか7タッチ。「ラストピース」と呼ばれたはずのルカクは、イタリアでのような輝かしい成績を残すことはできませんでした。

また、チームも序盤こそ優勝争いを繰り広げるものの、終盤での失速が響いて結局3位でフィニッシュ。悲願のリーグ優勝とはなりませんでした。25節のアーセナル戦はチェルシーの失速を強く感じましたね。CLで燃え尽きてしまった感じで、チーム全体に手詰まりのような雰囲気を感じました。ちなみに、この試合でティモ・ヴェルナー（25）がチェルシーでのラストゴールを決めており、スミス＝ロウ（21）もまたアーセナルでのリーグ戦最後の得点を記録しています。

このシーズンのタイトルはUEFAスーパーカップとクラブW杯のみにとどまり、カラバオ・カップとFAカップはどちらもファイナルには進みましたが、いずれもPK戦の末に準優勝で終わってしまいました。また王者として望んだCLも準々決勝でレアル・マドリードにデッドヒートの末に敗れています。シーズン前の期待感を考えると少し残念なシーズンになってしまったかなという印象ですね。

ただそんなシーズンの中でもメイソン・マウント（22）の活躍は素晴らしかったです。リーグ戦11ゴール10アシストを含む、公式戦53試合出場で13ゴール16アシストという、キャリアの中で最高とも言えるスタッツを残しました。

「ヌーノから早期撤退、コンテ就任」

4位　トッテナム・ホットスパー　監督：ヌーノ・エスピリト・サント／アントニオ・コンテ

ウルブスの躍進を先導したヌーノ・エスピリト・サント（47）を招聘し、開幕を迎えたトッテナム。トビー・アルデルヴァイレルト（32）やムサ・シソコ（31）といった、18-19CL決勝進出の立役者たちはチームを去りました。このシーズンからスポーツダイレクターにユヴェントスの強化担当を務めたファビオ・パラティチが就任し、イタリア方面のコネクションを手に入れることになります。夏の移籍市場ではアタランタからローンでクリスティアン・ロメロ（23）とピエルルイジ・ゴッリーニ（26）、セビージャからブライアン・ヒル（20）、バルセロナからエメルソン・ロイヤル（22）を獲得。夏の市場では再三にわたって冨安健洋（22）の名前が上がっていたので、移籍を期待した日本人サポーターも多かったのではないでしょうか。

開幕節のマンチェスター・シティ戦に勝利し、3連勝。ヌーノ監督は月間最優秀監督に選ばれ、勢いに乗ったかと思われました。ところが実際は内容が伴っておらず、その後問題が顕在化し始めます。控えめな性格のヌーノは選手との距離が遠いタイプで、ポチェッティーノやモウリーニョ政権を経験した選手たちからの不満が募ります。

そして、リーグ戦やUEFAカンファレンスリーグでの不調からわずか4ヶ月でヌーノは解任となりました。

10節のマンチェスター・ユナイテッド戦は当時不調の名門チーム同士の対決となり、アントニオ・コンテ監督（52）の獲得ダービーと騒がれていました。そして、0-3で敗北したトッテナムにはコンテ監督が就任することになります。4-3-3から3-4-3へとシステムを変更し、コンテ就任以降は17勝5分6敗と復活を遂げました。

冬の移籍市場ではユヴェントスからロドリゴ・ベンタンクール（24）とデヤン・クルゼフスキ（21）が加入し、即フィット。クルゼフスキは冬加入ながら5ゴール8アシスト。ハリー・ケイン（28）、ソン・フンミン（29）と共にプレミア最強格のフロントスリーを形成しました。勢いそのままにリーグ戦を4位でフィニッシュ。19-20シーズン以来のCL出場権を手にしました。移籍市場の総括としても1900万ユーロとバーゲン価格のベンタンクールを筆頭に、クルゼフスキ、ロメロなど現在でもチームの主力を務める選手たちを獲得でき、良好と言えるでしょう。

印象的だった試合はなんと言っても17節のレスター戦ですね。再三チャンスを作っていたのですが、得点を取れずに1-2でリードされている状況で、レスターのチャーラル・ソユンジュ（23）がステーフェン・ベルフワイン（23）を煽《あお》ったんですよね。

するとも、95分にベルフワインが同点弾を決めるんですよ。しかもその後すぐに、97分ユーリ・ティーレマンス（24）の不用意なロストからベルフワインがもう1点。こんな奇跡の逆転劇があっていいのかと衝撃を受けたのを今も鮮明に覚えています。

個人のスタッツとしては、プレミアリーグで23ゴールを決めたソンがアジア人で初となる得点王を獲得しました。23-24シーズンを終え8年連続で10ゴール以上を記録していますし、正真正銘アジア人最高のストライカーです。

チームとしてもコンテ就任を機に復活し、翌シーズンへ向け希望に満ち溢れたシーズンだったと思います。

「終わりと始まり」

5位　アーセナル　監督：ミケル・アルテタ

この年は『All or Nothing』の密着もあり、色々と伝説のシーズンとなりました。夏にはベン・ホワイト（23）、アーロン・ラムズデール（23）、冨安健洋（22）らを新たに加えて、昨季ローンで加入していたマルティン・ウーデゴール（22）を完全移籍で迎えます。補強面では悪くないのですが、放出面がすごすぎました。まるでボランティア団体のように、もれなくフリーで放出したのです。特筆すべきはピエール＝エメリク・オーバメヤン（32）ですね。冬にフリーで移籍したのですが、まさかの勝手にバルセロナへと出ていったのです。以前から素行問題が指摘されていたオーバメヤンは、12月のサウサンプトン戦も規律違反でメンバー外となり、その数日後にキャプテンを剥奪。クラブとの関係が冷え込んでしまい契約解除に至ったわけです。

そんな彼ですが、大事なところではゴールを決めてアルテタ監督を救っているのです。プレシーズンから1勝もできず開幕3連敗という悲惨な結果で、アルテタ解任ムードが漂っていました。しかし4節ノリッジ戦でオーバメヤンが決勝点を決めて、なんとか勝利。首を繋ぎ止めます。もしこの試合で負けていたらアルテタは解任されていたかもしれません。何度でも言いたいのですが、この4節の相手がノリッジじゃなければ、アーセナルの躍進は10年遅れていたと思います。

そして、アーセナルがさらに調子を上げるきっかけとなったのが、6節のトッテナム戦です。それまでケガによる離脱者が多く、まだ完成形ではないですが、バックライン、GK、そしてツーボランチがようやく揃い始めました。それこそここら辺で今のアーセナルの土台ができてきたのかなと思います。このシーズンから10番を背負ったエミール・スミス＝ロウ（21）やエースのオーバメヤンといった、「決めてほしい人」

がしっかり得点をあげました。オーバメヤンはゴール後に、同じく14番でレジェンドであるティエリ・アンリのゴールパフォーマンスを披露しています。

グーナーの記憶に新しいのは21節のマンチェスター・シティ戦ではないでしょうか。負けてしまったものの、今のやりたいサッカーが完成された試合でした。シティを圧倒するほどで、前半もリードしていました。ただ、ＰＫとガブリエウ・マガリャンイス（23）の退場で流れが変わってしまいました。それでもこの時点でグーナーは「このチーム、強い……！」と確信した人が多いと思います。自信を持てたという意味でこの試合はグーナーの記憶に残っているでしょう。

後半戦ではクリスタル・パレス、ブライトン、サウサンプトンと泥沼の3連敗をした後、チェルシー、マンチェスター・ユナイテッド、ウェストハムと勝てなさそうな3連戦にまさかの連勝をしたことで、悲願のＣＬ権内に望みを繋ぎました。しかし37節のニューカッスル戦ではセント・ジェームズ・パークの純粋な熱量に押され、為す術なく負けてしまいました。これにより実質ＣＬ権の望みはついえました。

触れなくてはならないのはクラブ史上４人目の日本人選手となった冨安についてですね。序盤は右ＳＢとして多くの試合に出場し、１年目から印象的なパフォーマンスを見せました。13節ニューカッスル戦ではアシストもしています。ケガで中盤戦を離脱しましたが、シーズン終盤で復帰。冨安は現在左SBを主戦場としていますが、左SBデビューとなったのが36節リーズ戦でした。ハフィーニャ（24）対策で左SBに置かれたのですが、このときから相手のエースに冨安を当てるという戦法が使われ始めます。また日本ではホワイトが冨安にパスを出さない問題が話題になりましたね。ここら辺で日本人グーナーがたくさん増えたのではないかなと思います。

「レジェンド復帰からの暗黒期再来」
6位　マンチェスター・ユナイテッド
監督：オーレ・グンナー・スールシャール／マイケル・キャリック／ラルフ・ラングニック

このシーズンはビッグネームを3人獲得したこともあり、夏の移籍期間終了時点での高揚感はBIG6でダントツでした。まずは前シーズンから狙い続けたジェイドン・サンチョ（21）がドルトムントから8500万ユーロで加入します。次いでレアル・マドリードの黄金期を支えたラファエル・ヴァラン（28）を獲得。前季2位のスカッドをレベルアップさせることに成功しました。そして迎えた開幕戦では、ポール・ポグバ（28）の4アシスト、ブルーノ・フェルナンデス（26）のハットトリックでリーズに5―1と快勝。タイトル奪取の期待が高まりました。さらに、この追い風の中でレジェンドがオールド・トラッフォードに帰還します。クリスティアーノ・ロナウド（36）です。ロナウドは復帰戦となった4節ニューカッスル戦でいきなり2ゴールをあげ、衰えぬ千両役者ぶりを見せつけました。

ここ数シーズンと異なって好調なスタートを切ったかに思われましたが、6節のアストン・ヴィラ戦の敗戦をきっかけに重たい空気が漂い始めます。8節レスター戦では2シーズンぶりにアウェイで敗戦。続くリヴァプール戦ではホームにもかかわらず0-5の大敗を喫しました。ユナイテッド退団後にミドルズブラを23-24カラバオ・カップ準決勝まで導くマイケル・キャリックや、3部だったイプスウィッチを2シーズン連続の昇格で24-25プレミアリーグに昇格させるキーラン・マッケンナなど、優秀な参謀はいましたが危機的状況を脱せず。11節ではホームでのマンチェスター・ダービーに敗れ、アウェイに乗りこんで行われたワトフォード戦でも1-4で完敗。上層部はとうとうスールシャール監督の解任を決断します。スールシャール自身はマンチェスター・ダービー後のインタビューに応じて自分の声を直接伝えるなど、随所で「良い人」ではありましたが、それが仇となってか末期はチームが完全に崩壊していました。

その後、次の監督が決まるまでの間はキャリックが暫定で指揮を執り、初陣となったCLのビジャレアル戦で勝利をあげます。そしてリーグ戦でもアウェイでチェルシーに引き分け、連戦となったホームのアーセナル戦では勝利。厳しい3試合でしたが2勝1分と好成績を残してキャリックは暫定監督の立場を去ることになりました。

15節クリスタル・パレス戦からはラルフ・ラングニック（63）が21-22シーズン限りの暫定監督に就任しました。シーズン終了後はコンサルタントとしてチームに残る契約を交わしています。就任直後は監督交代の影響なのか、まずまずの成績を残しますが、いつまで経ってもラングニックのサッカーが見えずに再びチームが崩壊。CLをラウンド16で敗退し、リーグ戦は28節からシーズン終了までの11試合で3勝2分6敗と最悪の状態で終了しました。ファーガソン退任後、長らくユナイテッドは暗黒期が続きましたが、正直、ラングニック期は最も酷い時期かもしれません。案の定、ラングニックはコンサルタントの役割につくことなくチームを去りました。ただし、一つの置き土産として、首脳陣にオランダ人監督を猛プッシュして去ったのです。

伊藤の一言

ロナウドの到来があったからか、この夏はダニエル・ジェームズ（23）を2910万ユーロでリーズに売却しました。確かに足元の技術が拙くワールドクラスの選手になれるタイプではありませんでしたが、圧倒的なスピードと運動量というわかりやすい武器をもった選手を、わずか2年で売却に踏み切る判断はやや意外でした。

〈2021-2022シーズン順位表〉

順位	クラブ	試合	勝	分	敗	得点	失点	差	勝点
1	マンチェスター・シティ	38	29	6	3	99	26	73	93
2	リヴァプール	38	28	8	2	94	26	68	92
3	チェルシー	38	21	11	6	76	33	43	74
4	トッテナム・ホットスパー	38	22	5	11	69	40	29	71
5	アーセナル	38	22	3	13	61	48	13	69
6	マンチェスター・ユナイテッド	38	16	10	12	57	57	0	58
7	ウェストハム・ユナイテッド	38	16	8	14	60	51	9	56
8	レスター・シティ	38	14	10	14	62	59	3	52
9	ブライトン＆ホーヴ・アルビオン	38	12	15	11	42	44	-2	51
10	ウォルヴァーハンプトン・ワンダラーズ	38	15	6	17	38	43	-5	51
11	ニューカッスル・ユナイテッド	38	13	10	15	44	62	-18	49
12	クリスタル・パレス	38	11	15	12	50	46	4	48
13	ブレントフォード	38	13	7	18	48	56	-8	46
14	アストン・ヴィラ	38	13	6	19	52	54	-2	45
15	サウサンプトン	38	9	13	16	43	67	-24	40
16	エヴァートン	38	11	6	21	43	66	-23	39
17	リーズ・ユナイテッド	38	9	11	18	42	79	-37	38
18	バーンリー	38	7	14	17	34	53	-19	35
19	ワトフォード	38	6	5	27	34	77	-43	23
20	ノリッジ・シティ	38	5	7	26	23	84	-61	22

（参照：FLASHSCORE）

22/23シーズン雑談配信 ※映像なし

30万回視聴　2年前　999　共有

上位のチャットのリプレイ

りょー　前年優勝、そしてハーランドがやってきたシティがやはり1番人気！　1位じゃない理由を探すのが難しい

伊藤　とはいえ、ジェズスやスターリングが抜けたから

りょー　ハーランドがコケたら優勝逃す可能性もあるかも

伊藤　2番人気がリヴァプール

りょー　昨季冬に獲得したルイス・ディアスがすごかった！　マネは去ったけどヌニェスがやってくるし、ハーランド同様に大型補強がカギを握りますね

伊藤　3番人気はトッテナム！　コンテに代わって強かった

りょー　V字回復したのにアーセナル6番人気は低くない？　サリバがどこまでやってくれるのか楽しみではある

「怪物到来！　悲願のＣＬ初優勝&トレブル達成」

1位　マンチェスター・シティ

監督：ジョゼップ・グアルディオラ

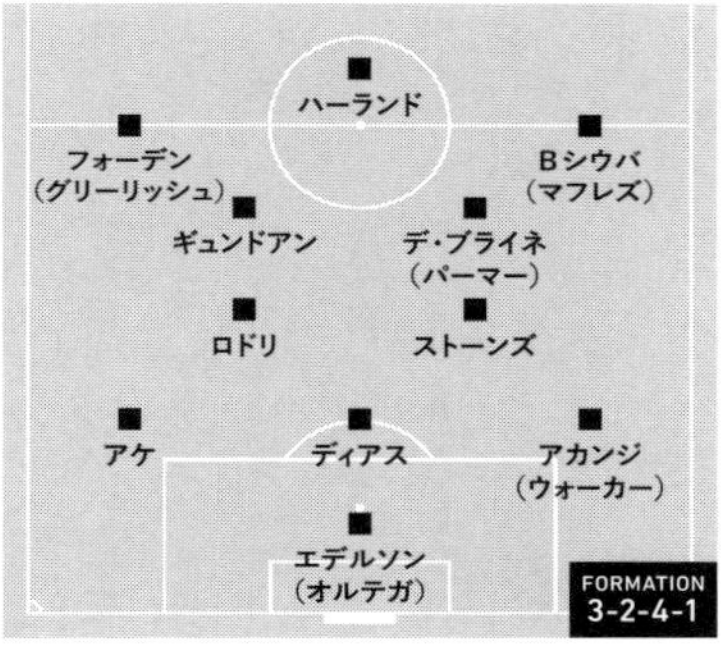

この年の移籍市場の目玉は、なんと言ってもノルウェー代表アーリング・ハーランド（22）でしょう。プレミアリーグ挑戦初年度でこの男はとんでもないレコードブレイカーに。リーグ戦35試合の出場で36得点を記録し、リーグ最多得点記録を塗り替えました。また、プレミアリーグ年間最優秀選手賞、年間最優秀若手選手賞をダブルで受賞という史上初の快挙を成し遂げています。このような記録を残したハーランドですが、契約解約条項を利用して、マンチェスター・シティはこの怪物をなんと６０００万ユーロで購入しました。安すぎますね。

またこの年はハーランドの他に４９００万ユーロでイングランド代表ＭＦカルヴィ

ン・フィリップス（26）、2000万ユーロでスイス代表DFマヌエル・アカンジ（27）、1500万ユーロでスペイン人MFセルヒオ・ゴメス（21）、フリーでドイツ人GKシュテファン・オルテガ（29）らを獲得。前年のグリーリッシュ一本釣りから一転、主力級の選手を複数とっています。この夏の市場は成功したと言えるでしょう。ハーランドだけでなく、アカンジやオルテガは想定以上の活躍を見せています。ただ二番目にお金をかけたフィリップスが鳴かず飛ばずだったので、完璧な夏とは言い難いですね。

一方、この年の夏は放出に関しても大きなインパクトを残しました。ラヒーム・スターリング（27）を5620万ユーロでチェルシーに、ガブリエウ・ジェズス（25）とオクスレイド・ジンチェンコ（25）を合計8720万ユーロでアーセナルに売却。自チームの主力選手を国内のライバルに高く売るという王者の余裕を感じさせる売りオペレーションが話題になりました。国内クラブに売却したほうが高く売れるとはいえ、ライバルの強化をアシストしているわけですからね。ちなみに、ハーランドらを獲得したこの夏の移籍市場でのシティの収支は7300万ユーロの黒字です。そのうちの7100万ユーロがトップチームでの出場歴がない若い選手たちの売却益で、「若手有望株を安く買って育てて高く売る」という、彼らの憎たらしいほどにうまい錬金術が発揮された夏でした。

また前季までキャプテンを務めたフェルナンジーニョ（37）もこの年で退団します。

さらに印象的だったのは、ペップとの関係性が悪化したという報道もありますが、ジョアン・カンセロ（28）をローンで放出したことではないでしょうか。この時期からスペイン人の知将は、ＳＢに攻撃的なタイプを使わず、ＣＢでもプレー可能なＤＦを多く起用するようになります。ジンチェンコも放出していますからね。彼らの序列ダウンと反比例して、ナタン・アケ（27）の序列が向上。これまでの2年間でリーグ戦24試合しか出場していなかったオランダ代表ＤＦは、このシーズンだけで26試合に出場しています。またシティの新しい試みで言うと、偽ＣＢとでも言うべきか、ＣＢのジョン・ストーンズ（28）やアカンジが中盤の位置や時には最前線まで上がり、逆に右ＳＢのカイル・ウォーカー（32）が低めの位置に待機する戦い方を始めました。

さてこうして話題たっぷりで開幕したプレミアリーグですが、最前線にハーランドが加入したことで、リーグ戦では無双していきます。特にケヴィン・デ・ブライネ（31）のスルーパスに抜け出してハーランドが決める得点パターンはもはやチート級でしたね。このシーズンにデ・ブライネはリーグ戦だけでハーランドに9アシストを記録しています。最強の点取り屋の加入によって攻め方がシンプルになる好循環が生まれました。

こうして攻守ともに盤石のスカッドを完成させたシティは、プレミアリーグ、ＦＡカップの国内2タイトルだけでなく、悲願のＣＬ優勝を達成。圧巻の三冠です。

このシーズンのシティはプレミアリーグで勝ち点89を獲得。印象的だった試合は9節のマンチェスター・ダービーでしょうか。6-3でシティが勝利したこの一戦は、前半だけでシティが4点決めて試合を決定付け、ハーランドとフォーデンの二人がハットトリックを記録するなど圧倒的な試合でした。

またＦＡカップ決勝もマンチェスター・ダービーになったのですが、この試合ではイルカイ・ギュンドアン（32）が2点決めて2-1で勝利。ラストイヤーのドイツ代表ＭＦが輝きました。晩年のギュンドアンの得点力は本当に要所要所で輝きましたね。

伊藤の一言

このようにシティは国内でも強かったのですが、特に強かったのがＣＬです。13試合を戦って32得点5失点で、1試合での複数失点はゼロ。引き分けは5試合ありましたが、無敗で優勝を達成しています。ギリギリの試合もいくつかあって、決勝戦は緊迫した雰囲気の中でインテルと対戦しましたが、先制点を決めたのは大一番男ロドリ。彼のミドルシュートが決勝点となり、1-0で勝利を収めています。前年もそうですが、ギュンドアンとロドリは大事なところで得点を決めてくれますね。

「7年ぶりのCL権を掴み取るが」

2位　アーセナル　監督：ミケル・アルテタ

言いたいことはいろいろありますが、リーグ2位というのは出来すぎだなと思うシーズンでした。今年こそはCL権を獲得しようと意気込んでいたら、リーグの優勝争いにまで食い込めてしまったのですから。夏の補強では、約3年に及ぶ母国フランスでの武者修行を経て、ウィリアム・サリバ（21）が帰ってきてくれました。2022リーグ・アン年間最優秀若手に選ばれるほどの成長っぷりです。これがこの夏一番の補強だったと言っていいでしょう。また、ガブリエウ・ジェズス（25）、オレクサンドル・ジンチェンコ（25）の獲得はCL圏に行くためには間違いなく必要な補強でした。しかし、優勝するためには一つ物足りないといったところです。

ただそんな二人の活躍もあって、開幕5連勝と完璧なスタートダッシュを決めます。もう本当に、いつものメンバーを組めたときは負ける気がしなかったですね。前半戦、そして中盤戦は特に言うことはないです。苦手としているリヴァプールにも久々に勝てましたし、ノースロンドン・ダービーもシーズンダブルをかましてくれました。本当によくやってくれたなって思いますね。

ここで嬉しいサプライズとなったのがグラニト・ジャカ（29）ですね。それまでツーボランチの低い位置でプレーすることが多かったジャカが、インサイドハーフの高い位置でプレーするようになったのです。さながらストライカーのように相手ボックス内でプレーするようになると、7ゴール7アシストのキャリアハイのゴール関与数を記録しました。ラストイヤーとなりましたが良い終わり方ができましたね。

冬の移籍市場ではジョルジーニョ（30）とレアンドロ・トロサール（27）を、安価かつ的確に補強することに成功。良い状態で後半戦を迎えられるかと思われました。しかし、スポルティングCPとのELラウンド16、2ndレグで問題が起こります。なんと冨安健洋（23）とサリバが二人揃って負傷してしまったのです。守備の大黒柱二人を失い、これですべてが崩れていきました。

そこから7試合連続でクリーンシートを逃したように、圧倒的に失点数が増えました。代わりに入ったロブ・ホールディング（26）では二人の穴を埋めることはできませんでしたね。31節のウェストハム戦あたりからは、もう今季の優勝は無理だと確信しました。それでもまだ、1パーセントほどのわずかな可能性が残っている中で、次節のサウサンプトン戦を3-3で引き分けてしまったときには、「何をしているんだ……」と呆然となり、怒りも湧きませんでしたね。最終的にはノッティンガム・フォレストやブライトンにも負けてしまいます。新加入のヤクブ・キヴィオル（22）も悪くはなかったのですが、ＣＢの層の薄さを痛感させられました。

本当に惜しくて悔しいシーズンでした。それでもＣＬの舞台に戻ることができましたし、サリバがケガをしていなくても、あのシティに競り勝てたかって言われたらなかなか厳しいですから、相手が悪かったと思うしかないですね。

「チーム再建と10番覚醒」

3位　マンチェスター・ユナイテッド　監督：エリック・テン・ハグ

22－23シーズンからアヤックスをＣＬベスト４に導いたエリック・テン・ハグ監督（52）がチームを率いることになります。テン・ハグはアヤックス時代、足元の技術に長けた選手を生かしたポゼッションサッカーに定評がありましたが、１年目ということを考慮してハイプレス＆ショートカウンターをベースに戦いました。

夏の移籍期間では新監督の意向がうかがえる補強が数多く見られました。教え子のリサンドロ・マルティネス（24）、アントニー（22）をアヤックスから引き抜き、アヤックスと同じオランダ１部のフェイエノールトでプレーしていたタイレル・マラシア

（22）を獲得します。さらにレアル・マドリードからカゼミロ（30）、ブレントフォードを退団しフリーとなっていたクリスティアン・エリクセン（30）といった、中盤の実力者を次々に補強。アントニーは9500万ユーロ、カゼミロは7100万ユーロと獲得費用が高すぎる移籍もありましたが、このシーズンの補強は成功だったと言えるでしょう。

ただ、シーズン開幕後は連敗スタート。開幕戦となったブライトン戦では1-2、2節のブレントフォード戦では0-4と大敗を喫します。ブレントフォード戦後、テン・ハグは選手たちに13・8㎞の罰走を指示。13・8㎞はユナイテッドとブレントフォードの走行距離の差で、テン・ハグも選手とともにこの距離を走ることで選手のモチベーションを高めました。そして迎えた3節リヴァプール戦では立ち上がりから生まれ変わったようなプレーを披露。前シーズンに完敗を喫した相手に2-1で競り勝ち、さらに続くサウサンプトン、レスター、アーセナルにも勝利して4連勝を飾りました。7節のマンチェスター・ダービーでは3-6と大敗を喫しますが、以降もチームは好調を維持し、5位とまずまずの位置につけてW杯による中断を迎えます。

W杯の中断期間中に規律問題でクリスティアーノ・ロナウド（37）が退団しますが、代わりに天才的なポストプレーを見せるワウト・ヴェグホルスト（29）をローンで獲得。彼の助けもあり、リーグ戦再開以降はマーカス・ラッシュフォード（24）がホームゲーム9戦連続ゴールをあげるなど覚醒しました。20節のマンチェスター・ダービーではホームで逆転弾を決めて、2-1の勝利にも貢献します。

チームはカラバオ・カップで決勝に進出し、決勝でニューカッスルに2-0と快勝。テン・ハグ1年目で6年ぶりのタイトルを獲得しました。

他にも、司令塔のエリクセンが負傷離脱した代わりの選手として、冬にローンで獲得したマルセル・ザビッツァー（28）も良い活躍を見せましたね。豊富な運動量とシンプルなパス関与で、チームに一味違うリズムをもたらしました。

最終的にシーズン終盤は、選手のコンディション不良や守備の要として欠かせないリサンドロ・マルティネスの負傷によってリーグ戦を連敗することも。さらに、EL敗退もありましたが、リヴァプールの猛追を追い払って3位でフィニッシュ。このシーズンはショートカウンターをベースとしたサッカーと、ラッシュフォードの覚醒が見事にハマり、62試合＋W杯という超過密日程ながらリーグ戦ではCL出場権を獲得。加えてFAカップ決勝進出とカラバオ・カップ優勝と結果を残し、テン・ハグ初年度にして近年最高の一年だったと言えるでしょう。

「マネを失った影響は大きく、無冠に終わる」

5位　リヴァプール　監督：ユルゲン・クロップ

この夏の移籍市場では、6シーズンにわたってリヴァプールの攻撃陣を牽引したサディオ・マネ（30）を売却し、ダルウィン・ヌニェス（23）を8500万ユーロで獲得しました。シティがハーランドを獲得したことと対比されることが多かったですね。ライバルチームの新ストライカーは爆発した一方で、リヴァプールのウルグアイ代表FWは、29試合に出場して9ゴール。新人ストライカーとして見れば十分な結果ですが、いかんせん移籍金の投資対効果を考えるとどうしても物足りなさが目立ちます。ただし、このシーズンのリヴァプールがリーグ戦5位と不調に終わったのは、ヌニェスだけのせいではありません。

まずはマネロスト。彼がいないことでハイプレスの強度が落ちた上に、カウンター時の迫力も失いました。またリヴァプールは前年度に全カップ戦で決勝に進出するなど試合数が多かった結果、この年のリーグ戦の前半戦はコンディションが悪く、不調に拍車をかけました。特に開幕直後はボロボロで、10月中旬時点で4勝4分3敗で中位に沈んでしまいます。その後もシーズンの大半を中位で過ごすものの、31節以降6

勝2分で無敗。最後の最後に調子を上げて、次のシーズンに向けては未来を感じさせる内容と結果を示して終わりました。ユルゲン・クロップ政権下で最も解任論が出たシーズンでしたね。リーグ戦を9敗もしてしまったので、しょうがない部分もあるかもしれません。

そんな中でも復調した要因はいくつかありますが、一つは単純にシーズン終盤になってチーム全体のコンディションが良化したからでしょう。また冬に4200万ユーロで獲得したコーディー・ガクポ（23）が21試合に出場して7ゴールを記録するなど、ワントップで結果を残したことも大きかったです。ヌニェスもワントップの位置ではパスワークへの関与に物足りなさがあったものの、ウイング起用することでやや居場所を見つけた感もありました。

このシーズン無冠に終わったリヴァプールですが、なぜか記憶に残るハイスコアなゲームがいくつかあります。その代表がマンチェスター・ユナイテッドに7-0の勝利です。ヌニェス、ガクポ、モハメド・サラー（30）の3トップ全員が、2点ずつ得点を決めたことでも話題になりました。他にもハイスコアな試合で言うと、不調ど真ん中の4節でもなぜかボーンマスに9-0で勝利しています。

「チームの低迷とコンテ暴走」

8位　トッテナム・ホットスパー

監督：アントニオ・コンテ／クリスティアン・ステッリーニ／ライアン・メイソン

前季途中から就任したアントニオ・コンテ監督（53）の2シーズン目でした。コンテ率いるインテルでWBを務めていたイヴァン・ペリシッチ（33）をバルセロナからフリーで、クレマン・ラングレ（27）をローンで獲得。他にもエヴァートンからリシャルリソン（25）、ブライトンからイヴ・ビスマ（25）など、プレミアでの実績がある選手たちを獲得しました。また、期待の若手枠としてデスティニー・ウドジェ（19）やジェド・スペンス（21）を獲得。さらに、冬の移籍市場では23-24シーズンでブレイクを果たすペドロ・ポロ（22）を買取義務付きのローンで獲得しました。そして、昨季ローンで加入したクリスティアン・ロメロ（24）の5200万ユーロでの完全移籍もあり、移籍金の額としては1億7990万ユーロと過去最高額を記録しました。

4-3-3から3-4-3への移行に伴い戦力の一新を図るフロントでしたが、放出面は少しもたついていた印象です。構想外のタンギ・エンドンベレ（25）やジオバニ・ロ・チェルソ（26）、ハリー・ウィンクス（26）、セルヒオ・レギロン（25）といった、かつての中心選手候補たちがローンで各地に移籍。現金化できたのはステーフェン・

ベルフワイン（24）のみでした。本来若手選手たちに使いたいローン枠を既存戦力に使用したことで、若手選手の武者修行の少なさや外国籍選手枠の飽和によるマット・ドハーティ（30）の契約解除など悲しい話題もありました。また、即戦力と思われていたリシャルリソンやビスマが不調に苦しみ、移籍事情は失敗と言って差し支えないと思います。

シーズンが開幕すると、前季の好調を維持して11節終了時は7勝2分1敗（7節は延期）と上々の滑り出しを見せます。しかし、カタールW杯後のケガ人の多さも響き、強豪チーム相手に勝てずに徐々に調子を落としていきます。このシーズンの対BIG6の戦績は2勝2分6敗と大きく負け越し、下位チーム相手にも取りこぼします。またこのときから、「試合の前半45分をほぼ攻めずに守りに徹して、後半に突入すると攻撃陣が爆発すること」を揶揄した「偽前半」という言葉も生まれました。

CLもホイビュアの劇的なゴールでラウンド16に進出こそしましたが、ラウンド16のACミラン戦では精彩を欠いてあっさりと敗退。またFAカップ、カラバオ・カップも序盤に敗退してしまいます。長期的な不調でフラストレーションを溜めるチームでしたが、爆発のときが訪れます。28節サウサンプトン戦で2点差の状況から相手に追いつかれて引き分けると、試合後の会見でコンテ監督が攻撃的な発言をしました。

「トッテナムのストーリーはいつもこうだ。20年間同じオーナーがいて一度も優勝したことがない」と。「スパージー（勝負弱い）」と呼ばれる現象とチームの体制やメンタリティを痛烈に批判したのです。この会見後、フロントはコンテ監督の解任を発表。後任は副官のクリスティアン・ステッリーニ（48）が務めることになります。しかし、チーム状況は改善せずわずか4試合で解任し、モウリーニョ時代と同様にライアン・メイソン（31）を暫定監督に据えてシーズンを終えました。リーグ戦は8位フィニッシュとなり、08-09シーズン以来の欧州カップ戦への不参加が決定。近年でも最低の状況でした。

印象的な試合は34節のリヴァプール戦ですね。開始15分で3失点し敗色濃厚な状況から、後半アディショナルタイムに待望のリシャルリソンのリーグ戦初ゴールで同点に追いついたんですよ。これは奇跡のドローかと思っていたら、プレーが再開されてカメラが切り替わった瞬間にルーカス・モウラ（29）のパスミスを、ディオゴ・ジョタ（25）が決めてリヴァプールがあっさり勝ち越し。配信でも衝撃を受けたのを覚えています。

伊藤の一言

ケインは38試合30ゴール。相方のソンは不調気味でアシストは少ないですが、チーム8位でこの数字は化け物すぎます。でも、ハーランドに得点王も取られて。バイエルンに移籍してからの活躍といい、本当にケインだけはいつかタイトルを獲ってほしいです。

「度重なる監督交代とスカッド肥大でチームは混乱」

12位　チェルシー　監督：トーマス・トゥヘル／グレアム・ポッター／フランク・ランパード

このシーズンは近年で最も苦しいシーズンになりました。オーナーが変わってからの初のフルシーズンはチームが混乱に陥り、完全に崩壊してしまいました。大きく二つの観点から見ていきます。

まずは移籍ですね。夏にレスターからウェズレイ・フォファナ（21）、ブライトンからマルク・ククレジャ（24）、マンチェスター・シティからラヒーム・スターリング（27）、ナポリからカリドゥ・クリバリ（31）、アストン・ヴィラからカーニー・チュクウェメカ（18）、バルセロナからピエール・エメリク・オーバメヤン（33）、ユヴェントスからローン移籍でデニス・ザカリア（25）を獲得しました。これだけでもかなり多いのですが、問題は冬の移籍市場です。ベンフィカからエンソ・フェルナンデス（22）、シャフタール・ドネツクからミハイロ・ムドリク（22）、モナコからブノワ・バディアシル（21）、PSVからノニ・マドゥエケ（20）、リヨンからマロ・ギュスト（19）、モルデからダヴィド・ダトロ・フォファナ（20）、アトレティコ・マドリードからローン移籍でジョアン・フェリックス（23）を獲得します。これ以外の既存の選手たちも考えると、実に多くの選手がチームに在籍していることになります。これらの大量加入こそチームが混乱した大きな原因だと思いますね。冬の移籍市場後はスカッドが膨れ上がりすぎてロッカーの数が足りなかったり、ベンチにすら入れない選手が多く出てしまったりと散々に。チーム全体の士気が下がっていたという情報も出ていました。

そしてもう一つは度重なる監督交代です。2022年9月7日のCLのディナモ・ザグレブ戦での敗戦後にトーマス・トゥヘル監督（49）を解任します。そして1600万ポンド（当時の日本円で約26億円）もの違約金を支払い、ブライトンからグレアム・ポッター（47）を後任監督として招聘しました。就任後は公式戦9試合で6勝3分とチームが上向きになったのですが、2022年10月29日のブライトン戦でポッター体制初黒星となってからは負けが徐々に増えていき、W杯中断前の時点で10

位となってしまいました。

　その後、冬の移籍市場を経てスカッドが肥大化。マネジメントが難しくなり、多くの選手がいる中で戦術的な最適解を見つけることも難しくなっていたと思います。そして、２０２３年４月２日のアストン・ヴィラに敗戦後ポッター監督が退任することになります。後任はクラブのレジェンドのフランク・ランパード（44）に託しますが、さらに状況が悪化。ランパード監督が指揮を執った公式戦11試合は１勝２分８敗と完全にチームが崩壊してしまいます。結果的にＣＬもレアル・マドリードに完敗して準々決勝で敗退し、リーグ戦もプレミアリーグ発足後では最低勝ち点に終わり、12位でフィニッシュとなりました。

〈2022-2023シーズン順位表〉

順位	クラブ	試合	勝	分	敗	得点	失点	差	勝点
1	マンチェスター・シティ	38	28	5	5	94	33	61	89
2	アーセナル	38	26	6	6	88	43	45	84
3	マンチェスター・ユナイテッド	38	23	6	9	58	43	15	75
4	ニューカッスル・ユナイテッド	38	19	14	5	68	33	35	71
5	リヴァプール	38	19	10	9	75	47	28	67
6	ブライトン＆ホーヴ・アルビオン	38	18	8	12	72	53	19	62
7	アストン・ヴィラ	38	18	7	13	51	46	5	61
8	トッテナム・ホットスパー	38	18	6	14	70	63	7	60
9	ブレントフォード	38	15	14	9	58	46	12	59
10	フラム	38	15	7	16	55	53	2	52
11	クリスタル・パレス	38	11	12	15	40	49	-9	45
12	チェルシー	38	11	11	16	38	47	-9	44
13	ウォルヴァーハンプトン・ワンダラーズ	38	11	8	19	31	58	-27	41
14	ウェストハム・ユナイテッド	38	11	7	20	42	55	-13	40
15	ボーンマス	38	11	6	21	37	71	-34	39
16	ノッティンガム・フォレスト	38	9	11	18	38	68	-30	38
17	エヴァートン	38	8	12	18	34	57	-23	36
18	レスター・シティ	38	9	7	22	51	68	-17	34
19	リーズ・ユナイテッド	38	7	10	21	48	78	-30	31
20	サウサンプトン	38	6	7	25	36	73	-37	25

（参照：FLASHSCORE）

23/24シーズン雑談配信 ※映像なし

50万回視聴　1年前　999　共有

上位のチャットのリプレイ

りょー　三冠してるんでそりゃシティが1番人気

伊藤　ハーランドがとんでもなくハマったし、攻守でメリハリができたからね！　完成形にたどり着いた感じ

りょー　2番人気はアーセナル！

伊藤　この企画の最後の最後で初めての2位以上

りょー　ジャカがいなくなったけど補強はめっちゃ豪華

伊藤　3番人気にリヴァプール！　中盤がサウジに移籍

りょー　中盤の入れ替えをして強度保てるかは不安だけど、遠藤選手がどんな活躍をするのかは楽しみ！

伊藤　4番人気チェルシー、5番人気ユナイテッド

りょー　ユナイテッドは昨季強くて補強も明確なのにね

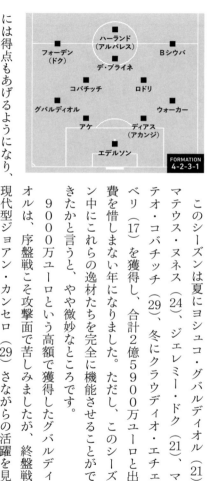

「新戦力は100%フィットせずも、プレミアリーグ4連覇達成」

1位　マンチェスター・シティ

監督：ジョゼップ・グアルディオラ

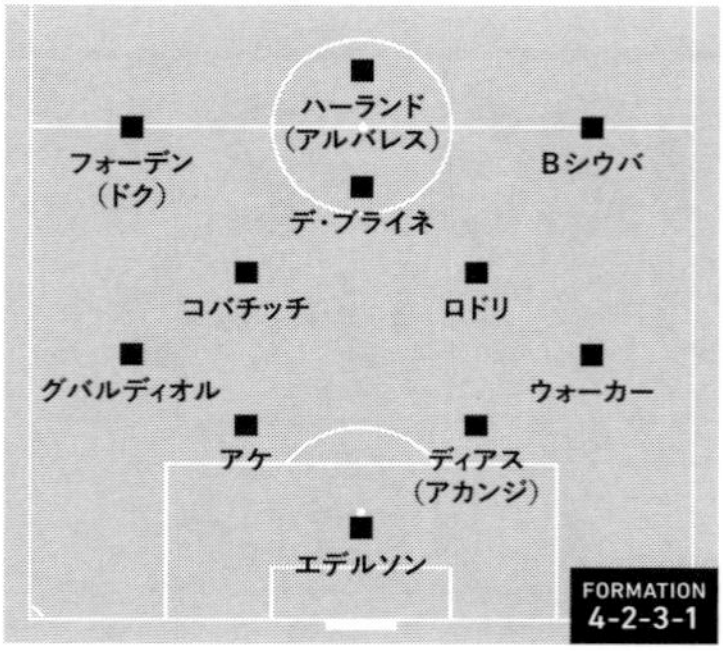

このシーズンは夏にヨシュコ・グバルディオル（21）、マテウス・ヌネス（24）、ジェレミー・ドク（21）、マテオ・コバチッチ（29）、冬にクラウディオ・エチェベリ（17）を獲得し、合計2億5900万ユーロと出費を惜しまない年になりました。ただし、このシーズン中にこれらの逸材たちを完全に機能させることができたかと言うと、やや微妙なところです。

9000万ユーロという高額で獲得したグバルディオルは、序盤戦こそ攻撃面で苦しみましたが、終盤戦には得点もあげるようになり、現代型ジョアン・カンセロ（29）さながらの活躍を見せた印象です。また、コバチッチもチェルシー時代同様に低い位置からのゲームメイクで存在感を発揮しましたね。ただヌネスは全体的に悪くはなかったのですが、ペップの中で序列を落としてしまい、ドクは突破力こそスーパーでしたが、ムラッ気があり、ミスから相手のカウンターを招くなど安定感に欠けていました。エチェベリは獲得したものの、元のアルゼンチンクラブにローンで残留させた形なので、まだ合流すらしていません。そう考えると、投資した金額を、このシーズン中に回収することはできなったと言えるでしょう。翌シーズン以降の本領発揮に期待ですね。

既存戦力では、アーリング・ハーランド（23）が若干苦しんだシーズンでもあります。前年と比べると決定機を外すシーンが多かったです。実際、『Sofascore』によるとこのシーズンの決定機ミスは34回。前年の28回より20％程度増えています。それでも27得点決めて得点王なので、改めて化け物すぎますね。

もちろん優勝したので悪いことばかりではありません。最大のトピックはフィル・フォーデン（23）がワンランク上の選手へと飛躍を遂げたことでしょう。これまでのシーズンは途中出場が多く、リーグ戦の年間出場数は２０００分程度でした。しかしこのシーズンはスタメンでの出場機会が増え、35試合２８７１分に出場。19ゴール８アシストを記録するなど、中心選手として活躍しました。以前から、美しいトラップからの積極的な仕掛け、周囲とのパスワークでの崩しなど、なんでもできる選手でしたが、よりゴール前での怖さが増したと思います。実際、シティがあまり波に乗れていない年末に迎えた難敵エヴァートン戦では、前半に先制点を許しましたが、53分にフォーデンが同点ゴールを決めて流れを引き寄せ、最終的に3－1で逆転勝利を収めました。この後、年始以降のシティは無敗でシーズンを終えるわけですが、あのエヴァートン戦で負けていたら流れは変わっていたかもしれません。

新年以降のシティは「日替わりヒーロー」で様々な選手が活躍しましたね。一番記憶に残っているのは、5月に行われた34節アウェイのスパーズ戦、ソン・フンミン（31）との一対一をステファン・オルテガ（30）が止めたシーンではないでしょうか。最終的には95分にハーランドの追加点もあり2－0で勝利を収めましたが、あのシーンでオルテガが止めていなければ、プレミアリーグの歴史が変わったと思います。

またロドリ（27）のゴールに救われた試合も多かったですね。コバチッチが低めでプレーすることもあり、スペイン代表MFが高めの位置でプレーする時間が増えました。その結果、自身最多のリーグ戦8ゴールを記録して、シティの優勝に貢献しています。

こう振り返ると、スカッドが完璧に噛み合ったシーズンでこそなかったものの、地力の強さは存分にありました。しかしながら、CLでは準々決勝でレアル・マドリードに負けてしまいます。２試合合計４-４の打ち合いで、最終的にはＰＫ戦での敗戦。特に１stレグはゴラッソ祭りで、ハイレベルな2試合だったと思います。

　スカッドのポテンシャルを１００パーセント引き出したわけではないかもしれませんが、上振れも下振れも少ない堅いチームでした。いずれにしてもプレミアリーグ４連覇を達成するのにふさわしい最強のチームですね。

「あと一歩。優勝に最も近づいたシーズン」
2位　アーセナル　監督：ミケル・アルテタ

マンチェスター・シティの勝ち点が91、アーセナルが89、あと一歩届かなかった悔しいシーズンですね。補強はデクラン・ライス（24）、カイ・ハヴァーツ（24）、ユリアン・ティンバー（22）、そしてローンでダビド・ラヤ（27）を獲得。移籍市場に2億３５００万ユーロを投じて大金を使った夏になりました。結論から言うと、ティンバーこそ8月にシーズンアウトの負傷をしてしまう不運こそありましたが、全補強大当たりでしたね。クラブ史上最高額となる1億１１６０万ユーロを投じたライスは攻守に大活躍でしたし、ハヴァーツは序盤戦こそ起用法に悩まされましたが、最終的には9番の位置で覚醒、プレミアリーグで13ゴール7アシストを記録しました。

そんな最高のシーズンでしたが、8月はかなり苦しみました。ガブリエウ・マガリャンイス（25）が中東へ移籍する可能性があったようで、ブラジル代表DFをベンチに置くことを余儀なくされます。そこで右SBベン・ホワイト（25）をCBに、トーマス・パーティー（30）を右SBで起用することに。それでも8月を2勝1分で乗り切ったのはよかったのですが、優勝を目指すクラブとしてはフラム戦の引き分けは手痛かったですね。その後、年内は徐々に調子を取り戻しつつも、「昨年のほうがよかったのでは？」と疑問を投げかけられることも多く、思うように調子が上がりませんでした。

ところが、年始のドバイキャンプ後のクリスタル・パレス戦からチームが激変します。まずこの試合を5-0で勝利を収めると、そこからアウェイのシティ戦で引き分けるまでリーグ戦8連勝を記録。その前の年末年始にリーグ戦のウェストハム戦、フラム戦、EFLカップ初戦のリヴァプール戦と3連敗していたところから、一気に復調したので強烈に覚えています。

ターニングポイントとなったパレス戦後、18試合戦って16勝1分1敗で勝ちきれなかった試合は2試合のみ。一つは前述のシティ戦、もう一つはホームでのアストン・ヴィラ戦です。僕はこの試合、現地観戦していたのでその絶望感も含めてよく覚えています。決定的なチャンスを何度も作ったのに決めきれず、アーセナルの元監督ウナイ・エメリ（51）に最終的にこのシーズンダブルをくらってしまいました。トータルで振り返るとアーセナルは素晴らしいシーズンを送ったのですが、やっぱりシティのほうが隙がなかった印象です。例えばローテーションでマーティン・ウーデゴール（24）を下げたら攻撃力が著しく落ちたり、火力を上げるためにオクスレイド・ジンチェンコ（26）を入れたら守備力が一気に落ちたり、アーセナルはちょこちょこ隙がありましたね。

なおCLは、準々決勝でバイエルン・ミュンヘンに合計スコア2-3で敗戦を喫しました。個人的には、バイエルンと互角に戦えるようになった成長ぶりを喜びつつも、ここぞの試合巧者ぶりではまだ劣るなという印象でした。ヤクブ・キヴィオル（23）がレロイ・ザネ（27）にやられたシーンが印象的でしたが、このワンシーンも、「完璧な11人を揃えないといけないのか」という思いを強くしました。

優勝への思いが強かったからこそ課題も多く語りましたが、相手がシティでなければ優勝も十分可能だったと思うので、トータルでは良いシーズンだったと思います。

「クロップ・ラストイヤー」

3位　リヴァプール　監督：ユルゲン・クロップ

リヴァプールを指揮して9年、低調だったクラブを毎年タイトルを争えるチームにまで復活させた、偉大なドイツ人監督のラストイヤーとなったシーズンです。

夏の時点ではかなりドタバタしていました。というのも新勢力サウジアラビアクラブの影響を、ＢＩＧ６の中では最も受けたからです。ファビーニョ（29）とジョーダン・ヘンダーソン（33）を合計６０００万ユーロでサウジアラビアのクラブに売却します。それでなくとも、ジェームズ・ミルナー（37）、アレックス・オクスレイド＝チェンバレン（29）、ナビ・ケイタ（28）ら多くの中盤の選手がフリーで退団することが決まっていたので、中盤の補強で大忙しとなりました。

そんな中リヴァプールは、ドミニク・ショボスライ（22）、アレクシス・マクアリスター（24）、ライアン・フラーフェンベルフ（21）、そして遠藤航《えんどうわたる》（30）ら４人の中盤の選手を、１億７２００万ユーロで獲得しています。これらの補強を成功ととるか失敗ととるか悩ましいところです。まずマクアリスターに関しては、初年度からシーズンフルで稼働した上に、本職ではないアンカーもそつなくこなすなど、素晴らしい活躍を見せました。この実力派を4200万ユーロで獲得できたのは最高の補強でしたね。また遠藤もファビーニョの後任として獲得したことで、「前任者に比べて実力不足では?」「30歳に2000万ユーロは高くないか?」という声も前評判で上がっていたものの、最終的には主力として活躍して、ネガティブな声を黙らせました。14節の素晴らしいミドルシュートや、28節ホームでのシティ戦ではマン・オブ・ザ・マッチに輝くなど、同じ日本人として誇らしく胸が熱くなりましたね。遠藤が途中交代してから失点することもあったので、欠かせない選手になっていました。

ただ残りの二人、フラーフェンベルフはイマイチ良さを発揮できませんでしたし、ショボスライも序盤戦こそケヴィン・デ・ブライネ（32）のような活躍を見せましたが、尻すぼみで終盤戦はベンチになってしまいましたね。ただこの二人はまだまだ若いので来季以降への投資という側面もあります。長い目で見れば、「23年の夏は全員大当たりだった」と振り返られるときがいつか来るかもしれません。

いずれにしても、そんな中盤総入れ替えという激動の夏があったにもかかわらず、この夏から主将になったフィルジル・ファン・ダイク（32）は絶好調。さらにモハメド・サラー（31）が変わらず好調でリーグ戦で18ゴール10アシストを記録した結果、前季の不調とは一転、チームとしての強さを取り戻して優勝争いに参加します。

そんな最中でした。年明けの1月にユルゲン・クロップ（56）退任という衝撃のニュースが飛び込んできたのは。これを受けて奮起した選手たちは、アジアカップやアフリカネーションズカップで主力選手の離脱があったものの、ＥＦＬカップ決勝でチェルシーを破ってまずは一冠。「クロップ退任バフ」で一時的に圧倒的な強さを手にします。ただ長続きはしませんでした。ＥＬでは、最終的に優勝するアタランタを相手にホームで0-3の敗北を喫し、トータルスコア1-3で敗退。リーグ戦でも4月が2勝2分1敗と失速してしまったことで、優勝争いから脱落してしまいました。

若干、右肩下がりのシーズンとなってしまったものの、それでも9年間リヴァプールで指揮を執ったクロップの偉大な功績に傷がつくものではありません。クロップのおかげでリヴァプールは強くなり、プレミアリーグ人気も高まったのは間違いないでしょう。本当に名将と呼べる監督だったと思います。

伊藤の一言

シティ戦の遠藤は本当に手を焼いた印象があります。五分五分のボールはほとんど奪われるし、いい形を作れたと思ったらとことん顔を出してきてチャンスを潰されました。アーセナルとの一戦でもマルティン・ウーデゴール（24）をうまく消していたので、エースキラーとしてワールドクラスであると実感しましたね。

「革命家到来。新しい時代へ」

5位　トッテナム　監督：アンジェ・ポステコグルー

プレミアリーグでの実績がないアンジェ・ポステコグルー（57）という未知数のカリスマがイングランドにやってきました。前年までの混乱を思うと、この人事は成功だったと言えるのではないでしょうか。

夏の補強も外れがなく成功だと言えるでしょう。ブレナン・ジョンソン（22）、ジェームズ・マディソン（26）、ミッキー・ファン・デ・フェン（22）、グリエルモ・ヴィカーリオ（26）らを新たに加えて、ローンだったペドロ・ポロ（23）とデヤン・クルゼフスキ（23）を買い取りました。夏だけで2億4700万ユーロを使いましたが、投資枠の10代の補強を除けば、全員主力として活躍しています。また退団に関しては、なんと言ってもハリー・ケイン（30）が9500万ユーロでバイエルン・ミュンヘンへ旅立ちました。彼の不在を感じる場面はその後何度もありましたが、一方で彼が大金を残したからこそ夏の大補強があり、新しい時代に一歩踏み出せたのです。いずれにしても偉大なストライカーでした。

さて、そんな大きな変化とともに迎えた新シーズンでは、想像以上の結果を序盤戦に残します。10節の時点で8勝2分、無敗で首位に立ったのです。エースが抜けて、実力未知数の監督の新シーズンだったことを思うと、このスタートダッシュは最高の結果と言えるでしょう。

新戦力の中では、圧倒的なセービング能力を誇るGKヴィカーリオと、プレミアリーグでも屈指のスピードを誇るCBミッキー・ファン・デ・フェンの補強が大当たり。二人合わせて5850万ユーロで守備の要を獲得できたことで、トッテナムはポステコグルーの真骨頂である前がかりな攻撃的サッカーを展開することができました。

そんなポステコグルーの哲学がこれ以上なくはっきり浮かび上がったのが、1-4で敗戦となったチェルシー戦でした。この試合、クリスティアン・ロメロ（25）が一発レッドで33分に、デスティニー・ウドジェ（20）が2枚目のイエローで55分に退場して9人になります。ところが1-2で負けていたこともあり、その後もオーストラリア人監督はハイラインとハイプレスを敢行して、アグレッシブに攻めに出たのです。最終的に94分と97分に2失点して、1-4の大敗となりましたが、そこまではもしかすると「2-2の引き分けに持ち込めるかもしれない」というまさかの展開になったこともあり、試合には負けましたが、この一戦で逆にポステコグルーの評価を上げる結果になりました。

まだ新監督1年目で、監督の戦術にフィットする選手が少なかったことや、ケガ人の増加、特に最終ラインの負傷離脱があって徐々に調子を落としていきます。また前半戦は攻撃の要だったジェームズ・マディソンやイヴ・ビスマ（26）が調子を落としたことで、得点力も落ちていったのは痛かったですね。

これを解決するために、冬にCBラドゥ・ドラグシン（21）を完全移籍で、FWティモ・ヴェルナー（27）をローン移籍で獲得。前者は将来への投資の意味合いもあるためそこまで使われませんでしたが、後者は得点数こそ少ないものの主力として活躍して、チームを助けました。

最終的にはヴィラに順位を抜かれて5位で終わり、ギリギリのところでCL出場とはなりませんでしたが、成長を感じる良いシーズンになったのではないでしょうか。

「孤軍奮闘のコール・パーマー」
6位／チェルシー　監督：マウリシオ・ポチェッティーノ

アメリカ人の実業家トッド・ボーリー（49）がオーナーを務めるチェルシーの混乱はまだまだ続きます。新監督にマウリシオ・ポチェッティーノ（51）が就任したものの、選手の流動性が激しすぎる上に偏った補強もあって、チームとしての完成度は低いままでした。

夏には4億6400万ユーロもの金額を投じて、12人の選手を補強。既にスカッドが飽和しているにもかかわらず、です。代わりにカイ・ハヴァーツ（24）をアーセナルに、メイソン・マウント（24）をマンチェスター・ユナイテッドに売却して、夏冬合計で2億7750万ユーロ回収できたものの、それでも1億8600万ユーロの赤字でした。

選手の入れ替えが大きくとも、バランスの良い的確な補強ならまだチームビルディングも楽だったのでしょうが……。まず年齢については、選手全員が25歳以下でおよそ半数は10代です。主将であり、チームのまとめ役だったセザル・アスピリクエタ（33）を放出するなどベテランの一斉放出を行ったことから、低年齢化が加速します。さらに本格派のストライカーは獲得せず、中盤と2列目が本職の選手ばかりを獲得しました。かなりバランスの悪いスカッドになったのです。

せめて、せめて、高額の新加入選手たちが活躍すればなんとかなったのでしょうが、1億1160万ユーロで獲得した守備的MFモイゼス・カイセド（21）は序盤戦は絶不調。6210万ユーロをかけた守備的MFロメオ・ラビア（19）もシーズンのほとんどをケガで稼働できず。6000万ユーロで加入し、攻撃の要になるはずだったクリストファー・エンクンク（25）は、開幕前にケガで長期離脱が決定。最終的にカイセドは戦力になりますが、移籍金ランキングTOP3が序盤戦ボロボロの状態でした。

加えて、最終ラインの頼みの綱であるチアゴ・シウバ（38）がとうとう年齢的な限界を迎えたのか、悪いプレーは少ないものの、スーパーな守備を見せる機会が減少。新主将リース・ジェームズ（23）はケガでほとんど稼働せず。チームは完全にカオスな状態でした。その結果、最初の19試合を7勝4分8敗で11位と負け越して折り返すことになります。

そんな危機的な状況の中で孤軍奮闘したのがコール・パーマー（21）です。得点力不足に悩まされるチームで、ゲームメイクに参加し、チャンスメイクをして、自分で得点を決めるというパーフェクトな活躍をします。あまりにパーマーがすごすぎたことで「コール・パーマーFC」と皮肉も込めて呼ばれていたくらいですからね。34試合に出場して22ゴール11アシストという圧倒的なパフォーマンスを見せつけました。

また、決定機を外す場面が目立ったためネガティブな印象もつきましたが、ニコラス・ジャクソン（22）がプレミアリーグ初年度ながら14ゴール5アシストを記録。3700万ユーロという移籍金を考えると十分に及第点の成績を残しました。前年までローン移籍中だったため、実質初年度の右SBマロ・ギュスト（20）の即戦力化も大きくチームを助けました。そのほかに、2300万ユーロで獲得したGKロベルト・サンチェス（25）よりも、1600万ユーロで獲得したGKジョルジェ・ペトロヴィッチ（23）が活躍するという想定外の選手の台頭もあって、チームは尻上がりにパフォーマンスを上げていきます。さらに序盤戦不調だったカイセドの復調、早くから重宝された生え抜きコナー・ギャラガー（23）の成長なども大きかったですね。

最終的にはチームとして機能するところまで調子を取り戻し、31節からの残り8試合は6勝2分とポジティブな空気でシーズンを終えることになります。

練習内容が前時代的で、戦術面でも最新鋭とは言えなかったものの、この絶望的な状況を沈静化させたポチェッティーノのチームマネジメントを評価するファンも多く、このまま続投するものと思われましたが、シーズン終了直後に、クラブはアルゼンチン人監督の退任を発表します。クラブと監督との方針が合わなかったとかで……。また手痛いのが、リーグ6位に入ったため本来ならEL出場権を獲得するはずでしたが、絶不調ユナイテッドがFAカップで優勝したため、UEFAカンファレンスリーグに繰り下げになってしまっています。最初から最後まで、本当に混乱の多いシーズンになってしまいました。

「ケガ人続出でボロボロもＦＡカップは優勝」
8位　マンチェスター・ユナイテッド　監督：エリック・テン・ハグ

ユナイテッドにおける、プレミアリーグの順位としては過去最低。かなり苦しいシーズンになりましたね。夏の移籍市場では、ラスムス・ホイルンド（20）を7390万ユーロ、メイソン・マウント（24）を6420万ユーロ、アンドレ・オナナ（27）を5020万ユーロと、高額を支払って即スタメン級の選手たちを獲得。また年間ローンでソフィアン・アムラバト（26）、半年ローンでセルヒオ・レギロン（26）、フリーでベテランのジョニー・エバンス（35）を獲得するなど、限られた予算の中でなんとかやり繰りできていました。もともとエバンスは夏のプレシーズンマッチ限定の帯同予定だったのですが、多くのポジションを入れ替えたい中でＣＢまで手が届かなかったこと、またエバンスのパフォーマンスが思いのほか良かったこともあり、1年間の短期契約で加入します。終わってから振り返ると、この判断に大きく救われました。

なお、マウントはシーズン通して負傷をしていたので評価が難しいところですが、それ以外の補強は効果的だったのではないでしょうか。ただこの夏のフロントの動きが完璧だったわけではありません。例えば長らくクラブを支えたダビド・デ・ヘア

（32）との契約交渉に失敗。しかも一度減給で合意した後に、再度値引き交渉を再開させるという不義理な行動でスペイン人GKを激怒させました。最終的には、13年間もクラブに在籍したレジェンドとわだかまりを持ったまま袂《たもと》を分かつ結果となりました。

こうして始まったシーズンですが、想定以上に苦しみましたね。テン・ハグ2年目ということもあり、かなり期待されている印象でしたが、ふたを開けてみればコンディション不良な上にケガ人が続出。特に痛手だったのがリサンドロ・マルティネス（25）の長期離脱です。前季はDFリーダーとして君臨しましたが、このシーズンはほぼ稼働できませんでした。結果、失点が増えて、毎試合打ち合いになる展開に。落ち着かない試合が多かったですね。CLでもグループステージ6試合で15失点もしてしまいました。そりゃ敗退してしまいますよね。

リーグ戦で勝った試合も失点が多く、逆転でなんとか勝つ試合が多かったです。3節ノッティンガム・フォレスト戦では、4分で2失点してから3点取り返して勝利。8節ブレントフォード戦では、93分、97分にスコット・マクトミネイ（26）が二連発を決めて2-1で競り勝つなど、ずっとバタバタしていました。

そんな形で守備は緩いものの、ブルーノ・フェルナンデス（28）を中心に若手が躍動。ホイルンド、コビー・メイヌー（18）、アレハンドロ・ガルナチョ（19）らも奮起しましたね。彼らの力でなんとか勝ち点を積み重ねて、4位争いにギリギリ食い込んでいましたが、2月末以降はボロボロでした。26節以降の13試合は4勝4分5敗で負け越します。この頃になると、10人以上のケガ人がいることが常態化し、特にCBが絶望的な状況に。31節チェルシー、32節リヴァプールとの連戦では、ほとんど経験のないウィリー・カンブワラ（18）というアカデミーの選手を使わざるを得ない状態に。最終的に0-1で敗れたアーセナル戦ではエバンスとカゼミロ（31）のCBでした。ブラジル代表MFが慣れないラインコントロールでミスをして、痛い失点をしたシーンが注目されたりもしましたね。

ただユナイテッドファンにとって救いとなったのは、FAカップの決勝でマンチェスター・シティを破って優勝したことでしょうか。この試合にはようやくマルティネスとラファエル・ヴァラン（30）のスタメンコンビが復活。1失点こそしましたが、堅い守備を披露しました。最終的にガルナチョと、メイヌーの2ゴールで勝利を収めています。このタイトル獲得でテン・ハグの首が繋がりました。

伊藤の一言

ＦＡカップ準々決勝のリヴァプール戦は神ゲームでしたね。マクトミネイのゴールでユナイテッドが先制して、一度は逆転されました。でも87分にアントニー（23）のゴールで追いついて延長戦に突入すると、またリヴァプールに勝ち越し弾を奪われます。これで試合終了かと思いきや、112分に今季絶不調のマーカス・ラッシュフォード（25）がなぜかここでは決めて追いつくんです。そして、最後の最後の121分にアマド・ディアロ（21）が逆転弾を決めるっていう。しかもそれで終わらず、興奮したディアロがユニフォームを脱いだことで2枚目のイエローカードを受けて退場に。本人はカードをもらっていたことを忘れていたそうで、思わず頭を抱えていましたね。ユナイテッドが逆転を目指す中で、ハリー・マグワイア（30）がFWの位置にいる時間帯もあったりして。いずれにしても4-3という打ち合い以外にも見どころたくさんの神試合でした。

〈2023-2024シーズン順位表〉

順位	クラブ	試合	勝	分	敗	得点	失点	差	勝点
1	マンチェスター・シティ	38	28	7	3	96	34	62	91
2	アーセナル	38	28	5	5	91	29	62	89
3	リヴァプール	38	24	10	4	86	41	45	82
4	アストン・ヴィラ	38	20	8	10	76	61	15	68
5	トッテナム・ホットスパー	38	20	6	12	74	61	13	66
6	チェルシー	38	18	9	11	77	63	14	63
7	ニューカッスル・ユナイテッド	38	18	6	14	85	62	23	60
8	マンチェスター・ユナイテッド	38	18	6	14	57	58	-1	60
9	ウェストハム・ユナイテッド	38	14	10	14	60	74	-14	52
10	クリスタル・パレス	38	13	10	15	57	58	-1	49
11	ブライトン＆ホーヴ・アルビオン	38	12	12	14	55	62	-7	48
12	ボーンマス	38	13	9	16	54	67	-13	48
13	フラム	38	13	8	17	55	61	-6	47
14	ウォルヴァーハンプトン・ワンダラーズ	38	13	7	18	50	65	-15	46
15	エヴァートン	38	13	9	16	40	51	-11	40
16	ブレントフォード	38	10	9	19	56	65	-9	39
17	ノッティンガム・フォレスト	38	9	9	20	49	67	-18	32
18	ルートン・タウン	38	6	8	24	52	85	-33	26
19	バーンリー	38	5	9	24	41	78	-37	24
20	シェフィールド・ユナイテッド	38	3	7	28	35	104	-69	16

（参照：FLASHSCORE）

プレチャンの
アディショナルタイム
3

「鼻血を出して森保一監督を笑わせた日」

プレチャン史上最もバズった配信。それは2022年に開催されたカタールW杯のドイツ戦です。そもそも展開が神でした。欧州の強豪相手に1点先制されるものの、堂安律《どうあんりつ》、浅野拓磨の得点で逆転勝利。想定外の勝ち点3獲得に伊藤は嗚咽《おえつ》を漏らしたかと思えば、号泣していました。この時点でもかなり面白いのですが、隣でチャット欄を読んでいた僕は、興奮のあまり鼻血が出てしまったんですよ……。

するとこの場面が、国境を超えて世界に大バズりしてしまいます。僕の痴態が様々なアカウントで拡散されていく中、フォロワーが400万人を超えているXアカウント「Out Of Context Football」にも掲載。最終的にはドイツの番組に出演していた森保一監督が、番組内で僕の鼻血映像を見る展開に。笑ってくれていたので救われましたが、もう少し違う形で森保さんとは接点を持ちたかったですね。

思わぬ形で世界デビューを果たしたプレチャンですが、この一件もチャンネル登録者数増加に大きく貢献してくれました。あらゆる意味で何が起こるかわからない、これもフットボールの魅力ですよね？

4章

クラブの歴史と文化

アーセナルの歴史と文化

クラブの成り立ちと二つの因縁

アーセナルはロンドン北部にあるクラブで、１８８６年にウーリッジ・アーセナル兵器工場の労働者たちが結成したサッカーチームが起源です。ウーリッジ・アーセナル駅に隣接するロイヤル・オーク・パブで、自分たちのチームを「ロイヤル・アーセナル」と名乗るようになったと言われています。

南部で活動していましたが、１９１３年に財政危機で北ロンドンへ移転。このとき、すでに北ロンドンでトッテナムとクラプトン・オリエント（現レイトン・オリエント）が活動していたため、近くに移転してきたアーセナルに彼らは不満を抱いたそう。

このように振り返ると、この時代からノースロンドン・ダービーの火種はあったんですね。あるいは２０２４年現在3部のレイトン・オリエントがプレミアリーグに昇格してきたら、これはこれで因縁の対決と言えるのかもしれません。

アタッキングサッカーのルーツ

アーセナルのシンボルカラーでもある赤色は、意外な形で決まります。というのも運営開始直後は資金がなかったこともあり、ノッティンガム・フォレストから加入してきた3人の選手に持参させた前クラブの赤色のユニフォームを、そのままチームのユニフォームとして使用したのです。このように最初は真似することからスタートしたアーセナルでした。

エミレーツ・スタジアムに移転するまで過ごしたハイベリーはどんな土地柄なのかというと、「パブ、個人商店、カフェ、シックなレストランが集まっている。しかし、人口密度の高い隣町イズリントンとは異なり、ハイベリーは、28エーカー（1エーカーでサッカースタジアム一つ分ほどの大きさ）のハイベリー・フィールズ（公園）が縦横に広がっているため、少しのんびりとした住宅街の雰囲気があるのが特徴だ」と地元の大手不動産会社のＨＰには記されています。

要するに、高級住宅地なんですね。そのような立地のサッカークラブだったからこそ、常に美しくアタッキングなサッカーを志向するようになったのかもしれません。

クラブの歩み

そんなアーセナルのパスサッカーの原型を作ったのは言わずもがな、アーセン・ベンゲルです。名古屋グランパスで監督を務めていたフランス人は、1996年10月に突如引き抜かれて、イングランドの地を踏みました。当時のプレミアリーグは今ほど外国人監督が多いわけではなく、ASモナコでリーグや欧州カップ戦での実績こそありましたが、なにより欧州トップクラブでの指導歴が少ないこともあって、懐疑的な目をメディアは向けていました。

しかし、攻撃的なサッカーをクラブに持ち込んだだけでなく、食事習慣の改善などピッチ外での改革にも乗り出して、チームを強化。97-98シーズンには外国人監督としては初となるプレミアリーグ優勝を成し遂げ、03-04シーズンには前人未到の無敗優勝を成し遂げました。

当時のアーセナルは、ティエリ・アンリやデニス・ベルカンプなど、ワールドクラスの選手が多く在籍していましたね。僕もリアルタイムでは見ていませんが、YouTubeなどにたくさん映像が残っているので、ぜひ皆さんにも見てほしいです。その後もセスク・ファブレガスなど若手の台頭もあり、アーセナルの攻撃的で魅力的なサッカーは続きます。ところが、２００５年に主将も務めた中盤の要パトリック・ヴィエラが、２００７年にはティエリ・アンリが退団するなど主力選手の流出が始まり、その後の苦難は2章、3章で綴ったとおりです。

成長途上なチームから目が離せない

さて、そんなアーセナルの現在のオーナーは、スタン・クロエンケです。２００７年に株式の取得を開始すると、２０１１年に保有比率を62・８９％に引き上げて買収に成功。彼がオーナーになった直後は、お金を出し渋ってクラブの成長は進まなかった印象ですが、息子のジョシュ・クロエンケが台頭してからは強化に積極的な姿勢を示します。

それでいて、外から見るかぎりでは、クラブへの悪い口出しもしていない印象があります。２０２４年現在、ジョシュは父と共同オーナーになっています。

こうしたバックグラウンドを持つアーセナルですが、チームイメージは、「常に成長途上」というものでしょうか。無敗優勝を達成してからも、まだまだ若く伸びしろの感じられるチームに見えます。昨23-24シーズンのＣＬバイエルン・ミュンヘン戦でも「もっとやれたのではないか」と思いました。核の部分がまだ若い感じがします。例えるなら、以前までは小テストで点は取れるけど定期テストでは点を取れない。今は定期テストでも点を取れるようになり、模試でも点を取れるようになったけれど、入試ではまだ点を取れない感じですかね。確実に成長しているけれど、常に未熟な一面を持っているのがアーセナルの良さでもあり、悪さでもある。結局、23-24シーズンもあと一歩のところまで近づいたのですが、夢半ばでしたから。

これは完全に僕の主観なんですが、やっぱりいまだに「アーセン（・ベンゲル）のアーセナル」という感覚が抜けきれないんですよね。時代が変わって、かなり雰囲気も変わってきたのですが、攻撃的で、若さも強さも美しさもある。ただちょっと脆いみたいな。昨季のアーセナルはこれが、かなり現代版にアップデートされた感じはしますが、根本は変わっていない気がします。

この雰囲気はなくなってほしいんですけど、そんな気持ちとは裏腹に、少し脆さが残っていたほうが魅力的に映る場面はあるような気がします。

僕の場合は13-14シーズンのFAカップ決勝で、2失点してから3点とって逆転優勝するのが「まさにアーセナル！」って感じで、胸が躍りますね。

マンチェスター・シティの歴史と文化

クラブの転換期

マンチェスター・シティは強豪クラブとしてのキャリアは浅いのですが、クラブ自体の歴史は長く、１８８０年にルーツとなるチームが誕生したと言われています。元々は教会がベースのサッカーチームだったみたいですね。１９０４年にはＦＡカップに優勝して、マンチェスター勢としては初となるメジャータイトル獲得も成し遂げています。

ただ、近年のように連続優勝するような時期はなく、２００８年にシェイク・マンスールが投資会社アブダビ・ユナイテッド・グループを設立してクラブを買収。そこから一気にクラブは急成長しました。もう忘れられつつありますが、２００７年には元タイ首相タクシン・チナワットがシティを買収してオーナーになった時期もありました。しかし資金凍結を受けて、短期間で売却するというドタバタ劇に。今となっては懐かしい思い出ですね。

いずれにしてもこの買収前と後で、クラブは大きく変わります。買収前の98-99シーズンには3部でのプレーも経験したわけですからね。スタジアムも2003年までメインロードを使っていました。1923年から使っていた元本拠地は、老朽化が進んでいたこと、キャパシティが約35000人しかなかったこともあり、解体が決定。シティ・オブ・マンチェスター（エティハド・スタジアム）に本拠地を移します。

最強こそ正義

買収後のシティは圧倒的な資金力を生かして勝つチームになりました。ただ2章、3章で振り返ったとおり、買収直後は浪費も多かった印象です。それが、元バルセロナのフェラン・ソリアーノCEOとチキ・ベギリスタインFD（フットボールダイレクター）のコンビが、2012年にクラブに到来してから徐々に補強の精度が向上。2016年にジョゼップ・グアルディオラが監督に就任して、最強チームが完成していきました。

そんな急激な成長を遂げたシティを応援したくなる理由は、やはり「強いこと」ではないでしょうか。ペップサッカーの魅力そのものに惹かれている人も多いかと思います。現時点では「シティの魅力＝ペップの魅力」と言っても過言ではないと思います。ただ、将来スペイン人監督が退団した後も、シティには「アカデミーが優秀」という魅力が変わらずに残り続けるでしょう。直近でもフィル・フォーデンやコール・パーマーなど、世界でもトップクラスの選手を輩出しています。

最近だと、シティのアカデミーでリクルート責任者だったジョー・シールズをサウサンプトンが招聘し、シティ出身の有望株を買い集めて話題となりました。今ではそのシールズをチェルシーが引き抜いて、パーマーやラビア、エンツォ・マレスカといったシティアカデミー出身の選手や指導者を獲得するなど、他クラブに大きな影響を与えています。でもそういう現象が起こるくらい、シティのアカデミーは優秀なんです。リーグ優勝を争う時期でも、なんだかんだ10代の選手を起用する時間を減らさないのも特徴です。逸材が多すぎるので一人当たりの時間は少ないものの、トータルではかなりの時間を若手に起用。23-24シーズンの数字で言うと、21歳以下の選手に3999分のプレータイムを与えており、これはアーセナルの約11倍もの時間だそうです。

リヴァプールの歴史と文化

クラブの基礎を作ったシャンクリー

リヴァプールの魅力はＢＩＧ６の中でも特にわかりやすいのではないでしょうか。情熱的で、劇的な展開をアンフィールドで何度も演じてきています。ただ歴史を振り返るとやや意外な事実もいくつか見えてきました。

１８９２年、エヴァートンが去っていった後のアンフィールドを本拠地としてリヴァプールは誕生しました。元々エヴァートンがアンフィールドを使っていた事実には驚かされますが、やはりリヴァプールはこのスタジアムあってこそ。リヴァプールの魅力＝アンフィールド、およびその雰囲気と言っても過言ではないですからね。

１９０１年に1部リーグで優勝するなど、早い段階でタイトルを獲得したリヴァプールですが、１９５４年から8年間も2部リーグに在籍します。その窮地を救ったのが、ビル・シャンクリーでした。今では「シャンクリー・ゲート」というアンフィールドの門の名前の由来になっている監督ですね。

彼は1959年に監督に就任すると、3年でクラブを昇格させて、1964年には昇格2年目で1部リーグ優勝の栄冠を手にします。翌年の65年にはクラブ初となるFAカップ優勝。1973年にUEFAカップ王者にクラブを導くと、1974年には二度目のFAカップ優勝を成し遂げます。最終的に1963〜1990年までの17シーズンで13度のリーグ優勝を成し遂げていますが、この黄金期の土台を築いたのは紛れもなくシャンクリーです。ちなみに「You'll Never Walk Alone」をクラブアンセムにしたのも彼だそうです。功績が大きすぎますね。

アンフィールドの一体感

その後、1985年チャンピオンズカップ決勝ユヴェントス戦で起きたサポーターどうしの群集衝突事故（「ヘイゼルの悲劇」）や、1989年FAカップ準決勝での死傷者事故（「ヒルズボロの悲劇」）など、クラブは大きな事故の責任者として警察やメディアと戦ってきました。これらの経験がチームとサポーターを一枚岩とさせ、アンフィールドを取り巻く熱狂や一体感が生まれていったのです。「You'll Never Walk

Alone」というクラブアンセムが、それを加速させた面もあるかもしれません。
　そして、歴史の上に築かれた一体感と、ユルゲン・クロップの熱血ぶりが見事な化学反応を起こして、2020年代前半に一時代を作り上げていきました。監督がアルネ・スロットに代わっても、リヴァプールにしか出せない熱狂は今後もイギリス西部の港湾都市に残り続けることは間違いありません。

伊藤の一言

リヴァプールのオーナーである、フェンウェイ・スポーツ・グループおよびフットボール部門の最高責任者マイケル・エドワーズは非常に優秀ですね。一時はクロップとの確執も噂されてクラブを離れた時期もありましたが、2024年夏に復帰を果たしました。文化をうまく尊重しながら、未来に向かってクラブを発展させていきそうです。

トッテナム・ホットスパーの歴史と文化

クリケットから始まったクラブ

トッテナム・ホットスパーFCは、1882年にロンドン北部のトッテナム地区で地元の学生たちによって結成されました。彼らはホットスパー・クリケットクラブのメンバーで、クリケットの試合が行われない冬の間のスポーツとしてサッカーを選んだわけです。結成当初の名前はホットスパーFCでしたが、1884年に同じくロンドンを拠点としていた同名チームとの混同を避けるために現在の名前に改称しました。

地元のパブをロッカールーム代わりにし、自分たちで近くの公園にピッチラインを引いていたスパーズ。1885年、初の公式戦のロンドン・アソシエーション・カップでセント・オールバンズ相手に5-2で勝利を収めました。アマチュアの学生チームながら、この試合には400人もの観客が詰めかけたようです。

1895年にプロ化すると、翌年夏には当時3部のサザンフットボールリーグに参戦。1899-00シーズンにリーグ優勝を果たして、初めてのタイトルを獲得。翌年にはFAカップを優勝し、ノンリーグに在籍するクラブの優勝は今日までこの1回のみです。

この頃にはすでに白いシャツをユニフォームに採用していましたが、赤色のシャツを採用していた時期はトッテナム・レッズという愛称で親しまれていたと記録されています。白いユニフォームが採用された背景には、初代「インヴィンシブルズ（無敵の者たち）」のプレストン・ノースエンドFCに影響を受けています。ちなみに、白いシャツとともにクラブのトレードマークとなっている雄鶏の紋章のデビューはもう少し後で、1921年のFAカップ決勝でお披露目となりました。

「挑戦なくして成功なし」で築いた黄金期

トッテナムが初めて1部リーグを優勝したのは1950-51シーズンのことでした。前年度にクラブOBのアーサー・ロウが監督に就任すると、後にトータルフットボールの発展に影響を与えることとなる「プッシュ・アンド・ラン」というスタイルで2部リーグを優勝。そして昇格初年度でファースト・ディヴィジョンのチャンピオンに輝いたのです。この戦術は後述のクラブレジェンド、ニコルソンの戦術のベースになっており、クラブモットー「Audere est Facere」（ラテン語で「挑戦なくして成功なし」）と、協調性の高いアタッキングなフットボールでした。

ロウは1955年にクラブを去りますが、彼の教え子だったビル・ニコルソンが1958年に新監督に任命されるとさらなる黄金期を迎えます。60‐61シーズンにリーグとFAカップの二冠を達成すると、61‐62はFAカップ連覇。62‐63にはUEFAカップウィナーズカップを優勝し、イギリスで初めて欧州タイトルを獲得したクラブになります。71‐72にはUEFAカップ（現EL）の初代王者に輝くなど、1974年まで続いたニコルソン政権下では16年間で11個のタイトルを獲得。その後、83‐84にバーキンショー監督の下で再びUEFAカップ優勝を果たしますが、リーグ優勝は60‐61以降できていません。

ビッククラブとしての矜持

そんなトッテナムのホームタウンがどういうところかというと、ロンドンの中でも特に多文化な地区の一つと言えるでしょう。最寄りの地下鉄駅とスタジアムを繋ぐハイ・ロードを歩けば中近東系のお店からアフリカ系のお店、カリブ系のお店などが多く目に入ります。また、トッテナムの南に広がるスタンフォード・ヒルには欧州最大級のユダヤ人コミュニティがあり、トッテナムがユダヤ人サポーターを多く抱える理由の一つにもなっています。２００１年からクラブの会長を務めるダニエル・レヴィもユダヤ人にルーツを持っていますね。

　手ごわい交渉相手として有名なレヴィ会長ですが、クラブの持続性を重視した運営が特徴です。新スタジアムをコンサートやＮＦＬの会場として積極的に利用するなど、ビジネス寄りの経営方針が批判されることも多いですが、近年は即戦力の獲得に大枚をはたいており、積極的な姿勢がうかがえます。ジョゼ・モウリーニョを招聘した一時の迷走期を除けば、攻撃的なサッカーを常に志向してきたこともあり、魅力たっぷり。あとはいかに定期的にタイトルを獲得できるかだけですね。

伊藤の一言

はっきりとした目標があるところも魅力ですね。ＢＩＧ６で近年のプレミアリーグを優勝していないのはトッテナムだけです。初タイトルの瞬間に立ち会える可能性があるのは、大きな魅力だと思います。

チェルシーの歴史と文化

変化の激しいクラブ

２０００年代のイメージだけで言えば、「新興勢力で変化が多いクラブ」がチェルシーのイメージといったところでしょうか。今ではそういうイメージもなくなりつつありますが、劇的で変化が多い点は変わりません。ただこのようなクラブ文化は設立当初からずっと変わらないようですね。

そもそもＢＩＧ６の他のクラブは１８００年代に設立されている中、チェルシーだけは１９０６年と新しいクラブです。約１２０年もの歴史があるので新しいクラブと評するのはやや違和感はありますが、チェルシー自身も自分たちが新興勢力であることを認めているような印象です。例えば公式ＨＰでは「アーセナルはトップリーグに到達するのに11シーズンかかったが、西ロンドンの〝ニューボーイズ〟は結成２シーズンでその偉業を成し遂げた」と誇っています。

アブラモビッチというオーナー

2003~2022年までは石油会社などの経営で財産を築いたロシア人オーナー、ロマン・アブラモビッチによる多額の投資を受けてクラブは急成長しました。

彼のおかげで、ディディエ・ドログバ、クロード・マケレレ、ペトル・チェフなどワールドクラスのタレントが毎年のように加入して、スペシャル・ワンでお馴染みジョゼ・モウリーニョの作る強固で最強なチームが完成したのです。最終的には念願のCLをこの間2回も優勝しています。初優勝時のアブラモビッチの喜んだ笑顔は非常に印象的でした。

しかしロシアによるウクライナ軍事侵攻を受けた国際情勢の煽りを受けて、政治的・社会的情勢からチェルシーの経営に携わるのは困難だとアブラモビッチは判断。最終的にアメリカ人のトッド・ボーリーが新しくオーナーになりました。

この先どうなっていくか想像がつかない

アブラモビッチ時代もクラブ運営はオーナーの意向に左右させられましたが、新しいオーナーになってもまた違った種類の振り回され方をファンは強いられています。前任者時代は移籍方針に口出しはするものの、本質的にチェルシーというクラブを愛していた印象です。ですが、現在のオーナーはクラブを投資の対象として見ている傾向が強く、精力的に強化は進めているものの、アカデミー軽視が否めず、賛否両論の声が上がっています。

正直、1年後のスパンではなく、1～2ヶ月後ですら、何か劇的な変化が起こっていそうなので、この本の中では何も断言できないくらいですね。2021年にCLを優勝してから3年しか経っていませんが、当時のスタメンで今チェルシーに残っているのは、リース・ジェームズとベン・チルウェルだけです。ジェームズは主将なのでさすがに当分は在籍するでしょうが、副キャプテンのチルウェルはいつ売却になってもおかしくない状況です。

このように様々な変化がとにかく多いクラブです。当然、選手や監督の入れ替わりも多い。よく言えばファンを飽きさせないクラブだと断言できます。その振り幅が大きい分、成功したときの喜びもまた段違いにちがいありません。

マンチェスター・ユナイテッドの歴史と文化

犬が窮地を救ってくれた話

マンチェスター・ユナイテッドは、１８７８年にニュートン・ヒースＬ＆ＹＲフットボールクラブという名で設立されました。当時のユニフォームは黄色と緑。だからこそユナイテッドファンがオーナーに抗議活動をするときには、この配色のマフラーを身につけているのです。

ユナイテッドは最初から強かったわけではありません。初のメジャータイトル獲得はマンチェスター・シティに譲ったくらいですし、かつては財政危機にも陥っていました。しかしそんな窮地を救ったのは一匹の犬でした。「え?」と思われた方も多いと思いますが、そうなんです。犬がクラブを救ったんです。

話の発端は、１８９４年。この年ニュートン・ヒースは、２部リーグに降格しました。その結果、主力選手が退団してチームは弱体化。新加入選手を獲得するものの、

1部リーグへの昇格を果たせず、1900年に至るまで何度も破産の危機に瀕していました。

そんなときある事件が起こります。当時の主将ハリー・スタッフォードの飼い犬であり、クラブのマスコット犬でもあったメイジャー君が行方不明になってしまったのです。レモン色と白色が混ざった大型のセントバーナード犬は、試合日には首から募金箱をぶら下げて、チームの財政補填に協力してくれていました。

マンチェスターの街を独りさまよっていたメイジャー君は、地元のビール醸造家であり実業家でもあるジョン・ヘンリー・デイビスに保護されます。デイビスはメイジャー君を気に入り、スタッフォードに譲渡を打診。スタッフォードは当初拒否していましたが、クラブが深刻な破産危機に直面していたことから、最終的には折れて譲り渡しに同意します。デイビスは娘の12歳の誕生日プレゼントに、メイジャー君を贈ったそうです。

これをきっかけにニュートン・ヒースの財政難にデイビスは関心を持ち、新しい会長に就任して本人を含む4人の投資家と共にクラブの財政破綻を救うのです。なお、愛犬の売却を余儀なくされたスタッフォードは、その後クラブのダイレクターに就任し、さらにはデイビスが持つ酒場の経営者にも任命されました。

いずれにしても、一匹のセントバーナード犬をきっかけに、クラブは強豪への第一歩を踏み出します。

その後、クラブ名をマンチェスター・ユナイテッドに変更し、１９０８年にはリーグ初優勝を飾ります。現在20回のリーグ優勝を成し遂げていますが、これを超える優勝クラブはまだ現れていません。すぐ背後に19回のリヴァプールが迫っていますが。

悲しみをバネにして

１９５８年の「ミュンヘンの悲劇」は本当に痛ましい事故でした。ユナイテッドはレッドスター・ベオグラードとのチャンピオンズカップの試合を終え、飛行機でマンチェスターへ帰るところでした。給油のためにミュンヘン空港に立ち寄り、離陸しようとしたところ悪天候の影響で失敗して、フェンスに直撃。この事故で乗客23人が命を落としました。いまだに2月6日という日付はユナイテッドファン、そしてクラブ関係者にとって特別な日付となっています。

この事故を経て、多くの選手や関係者を失いました。当時の監督マット・バスビーも重傷を負い、後にクラブのレジェンドとなるボビー・チャールトンもなんとか生き残りましたが、精神的なダメージが大きかったようです。それでも彼らは復活し、1963年にはFAカップを優勝。1965年、1967年にはリーグ優勝を成し遂げ、1968年にはチャンピオンズカップ優勝をウェンブリーの地で果たすのです。

カンプノウの奇跡

1986年にアレックス・ファーガソンがユナイテッドに訪れ、当時また不調に苦しんでいたチームを蘇らせていくストーリーが始まるわけです。その中で、1999年のCL決勝で起こった「カンプノウの奇跡」はまさに劇的でしたね。バイエルン・ミュンヘンを相手に0−1で負けていたところから、91分のテディ・シェリンガム、93分にオーレ・グンナ・スールシャールが得点を決めて逆転勝利を収めたのです。この年はリーグ、FAカップを含めて三冠を達成しています。

その後、07−08シーズンに見せた、ウェイン・ルーニー、クリスティアーノ・ロナウドらを中心に展開した、攻撃的なパスサッカーも非常に魅力的でした。このシーズンはリーグとCLの二冠も達成しました。

このように、クラブとともに激動の時代を歩んできた本拠地オールド・トラッフォードには、目に見えない魔力のようなものがある気がしています。現代でもユナイテッドは、オールド・トラッフォードでの圧倒的な強さを誇っていますね。10‐11シーズンのマンチェスター・ダービーでの、ウェイン・ルーニーのオーバーヘッドでの勝ち越し弾は、まさに象徴的なシーンだったと思います。ユナイテッドの選手たちは7万人以上のホームサポーターに後押しされて、ホームスタジアムでは異常な強さを発揮するんですよね。

あとは、23‐24シーズンのFAカップ準々決勝リヴァプール戦で4‐3での劇的逆転勝利も忘れてはなりません。先制点を取るも逆転され、でもなんとか追いついて延長戦にもつれ込み、また勝ち越されたのに最終的に延長戦のうちに逆転しきる感じ。オールド・トラッフォードで前半リードで折り返したら、プレミアリーグでは一度も負けていないという験《げん》の良さが、ホームでの強さを証明しています。

オールド・トラッフォードでは、積み重ねられた歴史が選手に力を与えているような感覚があります。英霊たちがスタジアムに住み着いているのかもしれません。

ＢＩＧ６以外の歴史と文化

さて、ここからはＢＩＧ６以外のクラブについて触れていきましょう。

そもそもですが、１８８８年にフットボールリーグ初年度が行われた際、最初の12クラブは、アストン・ヴィラ、エヴァートン、ウォルバーハンプトンといった現在もプレミアリーグに在籍する３クラブのほか、ブラックバーン、ボルトン、バーンリー、ダービー・カウンティ、ノッツ・カウンティ、プレストン・ノースエンド、ストーク、ウエスト・ブロムウィッチ・アルビオンなどの下部リーグに在籍するクラブ、そして消滅してしまったアクリントンFCだと言われています。驚くことに、この「オリジナル12」に一つもＢＩＧ６が入っていないのです。

成長著しいニューカッスル

イングランド最北部に位置するニューカッスル・ユナイテッドは、北部の古豪で超熱狂的なファンが多いことでも有名です。ブッキングメイカー『Free Bets』のアンケート調査によると、トゥーン（ニューカッスルサポーターの愛称）は7％がスタジアムで上半身裸になったことがあるのだとか。最も寒い地域のサポーターのはずなのに（笑）。逆に最も少なかったのはアーセナルファンで1％だったそうです。さすが上品なエリアにルーツを持つクラブと言うべきでしょうか。

そんなサポーターたちに支えられたクラブには、アラン・シアラー、マイケル・オーウェン、ハテム・ベン・アルファ、アラン・サン＝マクシマンなど、どの時代にも常にスター選手が在籍してきました。２００６年に公開された映画『Goal!』で、主人公が入団するクラブとしても有名ですね。

特筆すべきは、２０２１年にサウジアラビアの政府系ファンド『パブリック・インベストメント・ファンド（ＰＩＦ）』がクラブを買収したことです。それまでのオーナー、マイク・アシュリーは、国内に４００以上の店舗を展開する小売業経営者で、プレミアファンには馴染みのあるオーナーではあるのですが、倹約家としても有名でした。２０２１年に新オーナーに変わると、多額の資金を移籍市場に投じて、チームを強化。23－24シーズンには20年ぶりにＣＬに出場することも叶いました。ホームスタジアムのセント・ジェームズ・パークでＣＬのアンセムを聞けたことに、ファンは胸を熱くしたことでしょう。

現在のニューカッスルは闇雲に資金を移籍市場に投入するのではなく、監督も選手もイングランド人中心で、堅実な補強を繰り返しています。２０２４年夏に来日した際にはファンサービスも丁寧でしたし、公式ＳＮＳで日本のファンをリスペクトしているのが伝わってきて好印象でした。

新しい風が吹くアストン・ヴィラ

アストン・ヴィラは「オリジナル12」に入っているように、最も古い歴史を持つクラブの一つです。１８７４年にはすでに誕生しています。廃刀令が１８７６年ですから、日本ではまだ士族が刀を持っていた時代ですね。

そんなアストン・ヴィラは昨今のフットボール界に大きな影響を与えています。今でこそ世界各国にサッカーのリーグ戦がありますが、当時はカップ戦や親善試合を年に数回行う程度でした。これを変えたのが、アストン・ヴィラのダイレクターを務めていたウィリアム・マクレガーです。１８８８年に発足となった世界初のフットボールリーグを提案し、今のプレミアリーグの土台を築いたと言ってもいいでしょう。

クラブ初のリーグ優勝を1894年に決め、黄金時代の幕開けとなりました。20世紀初頭までに、クラブは4回（1896、1897、1899、1900）優勝し、さらに2回のカップ優勝を果たしています。その後、連続的に優勝する時期はありませんでしたが、1982年には決勝でバイエルン・ミュンヘンを倒して、ヨーロピアン・チャンピオン・クラブズ・カップ（現在のCL）を制覇、欧州一に輝いています。

このようにかつては強豪だったヴィラですが、プレミアリーグ発足以降は、開幕シーズンこそ2位でフィニッシュするものの、その後は中位をさまよう時期が続きます。そしてとうとう2016年に2部に降格して、暗黒期を迎えます。

この苦しい状況を救ったのが2018年にクラブを買収したエジプトの実業家ナセフ・サウィリスと、アメリカの実業家ウェズ・イーデンスでした。当時のヴィラは財政難で破産寸前でしたが、彼らがクラブの全借金を肩代わりして存続が決まったのです。すると当時2部だったバーミンガムのクラブを1年で昇格させると、プレミアリーグ17位→11位→14位→7位→4位とチームを順当に強化。クラブ創立150周年となる24-25シーズンは欧州最高峰の舞台へ41シーズンぶりに復帰を果たしました。

近年、急成長中という意味ではニューカッスルと近いですが、チームビルディングはまったく違います。ニューカッスルがイングランド人監督を据えて英国人中心でスカッドを構成するのに対して、ヴィラはスペイン人監督ウナイ・エメリを据えて、クラブに新しい文化を持ち込んでいます。そもそもバーミンガムは18世紀後半に産業革命とともに人口が爆発的に増えて、イギリス第二の都市に成長した新興都市です。そういう意味では、新しい文化を醸成しやすい空気感が都市にもあるのかもしれませんね。フランクフルトと姉妹都市ということもあり、ドイツの文化であるクリスマスマーケットを英国最大規模で開催しているような都市ですから。

日本人との縁が多いサウサンプトン

23-24シーズン、日本代表DF菅原由勢《すがわらゆきなり》がサウサンプトンに加入しました。日章学《にっしょう》園に所属するU-19日本代表FW高岡伶颯《たかおかれんと》も加入しており、18歳の誕生日を迎える2025年に渡英する見込みだそうです。またU-23日本代表MF松木玖生《まつきくりゅう》も加入し、23-24シーズンはオーナーが同じトルコのギョズテペにローン移籍することが決まりました。一気に3人も日本人が増えましたね。

元々サウサンプトンには、李忠成《りただなり》、吉田麻也《よしだまや》、南野拓実など、日本代表選手たちが所属してきました。またサウサンプトンにあるソレント大学にはサッカー研究学部があり、将来サッカー業界を目指す若い日本人学生が多く在籍してきました。卒業生は何人もサッカー業界で働いています。様々な形で日本人に縁がある街になっています。地方都市なので生活費を節約できる上に、ロンドンまで電車で1時間20分で行くことができるアクセスの良さも人気の理由でしょう。

港町には今も昔も、新しい文化が根付きやすいものなのか、現在のサウサンプトンは現代的なサッカーを展開する新しいクラブに生まれ変わろうとしています。特にマンチェスター・シティアカデミーの有望な若手を複数名獲得して、繋ぐサッカーに舵を切った強化策が印象的ですね。こういう方向性だからこそ、足元の技術に定評のある日本人選手を一気に3人も獲得したのかもしれません。

いずれにしても、プレミアリーグの中で最も日本人に馴染みのあるクラブということは間違いないですね。8年間も吉田麻也が在籍して、活躍し続けてくれた実績も大きいのではないでしょうか。

先進的なブライトン

さて、ブライトンもサウサンプトンと同様に港湾都市として知られています。ロンドンより南方に位置する街は語学学校や大学が多いこともあり、日本人留学生が多いです。ロンドンから電車で1時間程度で着く距離で、ロンドン南部のクリスタル・パレスのエリアとは「M23」という幹線道路で繋がっていることもあり、両チームの対戦は「M23ダービー」なんて呼ばれてもいます。

　またブライトンはリゾート都市の一面もあり、音楽の街としても有名なようですね。日本人もブライトン発祥の音楽を知っているはずですよ。実は『M-1グランプリ』の出囃子《でばやし》曲は、ブライトン出身のアーティストであるファットボーイ・スリム『Because We Can』という曲です。ファットボーイ・スリムは大のフットボール好きで、過去にはブライトンのスポンサーを務めたことがあるほど。この背景もあり、実は2000年代の日本のサッカー番組では、ファットボーイ・スリムの音源が番組内で使われることが度々ありました。日本のテレビマンはこういう目立たない部分にもこだわって、日本のサッカー人気を発展させてくれていたんですね。

　話をブライトンに戻しましょう。いずれにしても、様々な文化の交流地とも言える土地柄のブライトンは、クラブも先鋭的な施策をとることが多いです。前監督のロベルト・デゼルビなんかはまさしく超攻撃的サッカーを展開していましたし、今季も31歳、プレミアリーグ最年少監督を招聘するなど、尖《とが》った人事をしていますね。

ただしオーナーのトニー・ブルームは目立ちたがり屋の、派手なオーナーというわけではありません。プロポーカーで財を成した天才は、2009年にブライトンのオーナーに就任するとクラブの大きな問題に着手します。というのも、その当時ブライトンにはホームスタジアムがなく、陸上トラックも併設されているような見にくいスタジアムを転々としている状態だったのです。

当然、これを問題視したブルームは、新スタジアムの建築のために多額の投資を行って、現在のファルマー・スタジアム（アメックス・スタジアム）を建設。当時は3部リーグに在籍していたクラブを2017年にはプレミアリーグに昇格させ、22−23シーズンにはリーグで6位の順位にまで引き上げました。その結果、23−24シーズンのEL出場権を手にして、クラブ史上初となる欧州カップ戦に参加しました。

しかもそんな急成長中のクラブのど真ん中に、日本代表FW三笘薫がいるのですから、日本のサッカーファンとしては、つい目を向けてしまうクラブですよね。

上位陣キラーのクリスタル・パレス

クリスタル・パレスは、日本代表FW鎌田大地を獲得して話題になりました。このクラブも深い歴史があることで有名ですが、創設年には諸説あります。これまでは１９０５年とされてきましたが、それより昔のクリケットクラブとの繋がりを発見し１８６１年創設として、現在プロリーグに所属するクラブの中で世界最古のクラブであると主張しています。なお、現存する世界最古のクラブは１８５７年創設のシェフィールドFCとされています。シェフィールド・ユナイテッドとは別物のクラブで、現在はアマチュアリーグに属しています。この辺りは難しいところなのですが、要するにクリスタル・パレスには歴史があることだけははっきりしています。

ロンドン南部に位置するクリスタル・パレスは、以前よりアフリカにルーツを持つ選手が多く在籍しています。過去所属選手で言うとウィーフレッド・ザハやマイケル・オリーセ、現在も在籍している選手だとエベレチ・エゼらが有名です。英高級紙『ガーディアン』は２０２２年の記事内で「ロンドン南部には80年代からアフリカ系移民が多く住み始めた」という趣旨の記述をしています。このような土地柄がクラブにも影響を与えているのかもしれません。

いずれにしてもアフリカルーツの選手が多く躍動する文化を持ったクラブと言えます。そして彼らが活躍して、上位クラブを倒す試合に爽快感を覚えるプレミアリーグファンも多いのではないでしょうか。

「同接15,000人達成して ワンランクアップを実感した配信」

2021-22シーズン最終節の配信も刺激的でしたね。このシーズンはシティとリヴァプールがデッドヒートを演じて、勝ち点差1で優勝が決まったシーズンなのですが、リーグ優勝だけでなく残留争いも熾烈で、全試合の試合結果をホワイトボードに書きながら配信をしていました。なので、少しドタバタした記憶があります。

最終節、慌ただしかったのは僕たちだけでなく、試合展開も同様でした。というのも優勝がかかった一戦にもかかわらず、シティもリヴァプールも先制点を許す展開だったんです。

最終的に両チームとも逆転するのですが、特にシティの展開が劇的で、ギュンドアンの2得点とロドリの得点で0-2の劣勢から3-2の大逆転劇。このときの伊藤は、2点ビハインドでも「シティならワンチャンある」と信じることをやめませんでした。

最終的には、シティがプレミアリーグ連覇を達成できた上に、配信としても同時接続15,000人達成。この配信がきっかけでチャンネルがまたワンランクアップした感覚があります。記憶にも記録にも残る配信になりましたね。

おわりに

23－24シーズンは久しぶりにイングランドに行くことができました。コロナ禍の間は行けていなかったので、実に数年ぶりです。

現地観戦を通じて改めて気付かされたのですが、現地のサッカーファンっていい意味でめっちゃアホだと思うんです。

例えば自分が見に行ったＣＬアーセナルvsバイエルン・ミュンヘン戦。アーセナルは絶対に勝たなければいけないホーム１stレグを引き分けてしまいます。最終的にこの後の２ndレグを０－１で落としてＣＬ敗退が決まってしまうのですが、観戦した１stレグの直後、僕は気持ちが沈んで考え込んでたんです。でも現地の人たちは帰りの電車でもずっと歌ってるんですよ。「あの選手のプレー良かったな～」とか言いながら。

日本人の戦術好きも一つの文化ですし、それをＳＮＳで議論するのは楽しいことです。ただそれが最大派閥になるのは良くないなと実感しました。サッカーって労働者階級のスポーツですし、そこまで深く考えるものなのかな、と。

こういう経験を経て、今は現地ファンと同じような姿勢で試合観戦を楽しみたいなと思っています。気楽に、正直に、いい意味でアホになろうって。

だからこそ、現地で出会ったプレチャン視聴者の方に、「登録者1000人の頃からプレチャンを見ているけど、勝ってはしゃいで負けて泣く喜怒哀楽が現地っぽい」と言われたのは嬉しかったですし、自信にもなりました。

そういう意味では、もっとアホな配信をする人が出てきてほしいですね。

海外の切り抜きで、試合に負けて部屋の物を蹴ったり、暴れたりしているやばい人いるじゃないですか。日本ではそんなに流行らないかもしれないですけど、感情の爆発をエンタメとして見せるのは面白いなと思います。

さて、改めて思うのは、知識があったほうがプレミアリーグは楽しめますし、実際知識のための本を僕は書きました。ただ知識がすべてじゃない。少なくともファンにとっては知識よりも情熱が上の世界であってほしいです。

プレミアのコミュニティ文化といえばやはりX（旧・Twitter）ですよね。

日本人の気質にXは合っているのかもしれないですが、ここで一つ言っておきたいのは、Xで見えるプレミアのファンは全体のほんの一部にすぎないということです。オンラインでもリアルでも様々なコミュニティ文化に触れてきたからこそわかるのですが、他にもファンはたくさんいます。

なので、Xのコミュニティ文化がプレミアファンのすべてではないということを多くの人に知ってもらいたいです。

そういう意味では、「Xの代替」を作るのが夢ですね。

ニュース性を持ちつつ、和気あいあいとしたプレミアファンの世界を作りたいです。仮想空間でスタジアムを作って応援するような、遠隔地でも情熱を共有できる世界が理想です。

技術が発展すれば、文字ベースの世界から体感型ベースの世界へとさらに進化していくでしょう。プレチャンもその夢を追っていきます。いい年になってこんなに一喜一憂できることは他にないですからね。

ただ、こういう未来すぎる話ばかりしても仕方がないので、もう少し今できること、あったらいいなと思うことに向き合うとすれば、プレミアの「ミドルハイライト」を見られるといいなと思っています。

そもそも近年、情報過多でコンテンツに費やせる時間が短くなっているじゃないですか。TikTokとかが流行っているぐらいですから。90分をフルタイムで見るのは難しくなってきているように感じます。社会人になったり家庭環境が変わったり、自分の時間が減っていくとなおさらです。

しかも日本のサッカーファンにとっては、時差の壁もありますよね。大人になればなるほど、ライブで見ることが難しくなっていきます。もちろんビッグマッチだけなら気合いで睡眠時間を減らしたり、翌日有休をとったりすることもできるでしょうけど。

だからこそミドルハイライトがあれば、朝の通勤時間にほぼ試合の全容を見て取ることができるようになります。

良いプレーばかり切り取られている短いハイライトでは試合の流れなどはわかりませんが、ミドルハイライトなら試合の流れや調子が悪かった選手もほぼわかると思います。

こういうコンテンツがもっと普及すれば、プレミアリーグは日本全体にいっそう普及していくでしょうし、日本ならではの熱狂的なプレミアサポーター文化もできていくんじゃないかなと思っています。我々プレチャンもそんな世界をぜひ皆さんと作っていきたいです。

最後になりましたが、本書を執筆するにあたって最後まで懇切丁寧にサポートしてくれたライターの内藤秀明さん、唯一無二のプレミアリーグの本を作ろうと提案してくれた編集者の笠原裕貴さん、プレチャンを支えてくれているスタッフのみんなに感謝いたします。

そして、プレチャンの動画やライブを見て応援してくれている視聴者の皆さんにも心から感謝いたします。いつも本当にありがとうございます。

これからも一緒にプレミアを盛り上げていきましょう。

プレミアリーグを愛するすべての人たちへ。

プレチャン　りょー&伊藤

著者：プレチャン
プレミアリーグを愛するすべての人たちへ贈る、「プレミアリーグ情報チャンネル」。試合観戦の様子をYouTubeでライブ配信・投稿し、多くのプレミアファンから支持を集める。まるで「友人と一緒に観戦しているかのよう」に試合を熱量高く観れることはもちろん、最新の移籍情報なども集まるいわば「プレミアサッカーの集合知」。アーセナルファンのりょー、マンチェスター・シティファンの伊藤、マンチェスター・ユナイテッドファンのよっぷの3人で活動している。

サッカー観戦《かんせん》がもっと面白《おもしろ》くなる プレミアリーグ熱狂大全《ねっきょうたいぜん》

2024年11月15日　初版発行

著　者　プレチャン
構　成　内藤秀明《ないとうひであき》
発行者　山下直久
発　行　株式会社KADOKAWA
〒102-8177 東京都千代田区富士見2-13-3
電話0570-002-301（ナビダイヤル）
印刷所　株式会社暁印刷
製本所　株式会社暁印刷

● お問い合わせ
https://www.kadokawa.co.jp/（「お問い合わせ」へお進みください）
※内容によっては、お答えできない場合があります。
※サポートは日本国内のみとさせていただきます。
※Japanese text only

定価はカバーに表示してあります。

ISBN 978-4-04-606695-4　C0075